AI와 아트세러피

AI문고

인공지능 시대입니다. 기계가 인간의 인지를 대신하고, 사물이 인간을 통하지 않고 다른 사물과 직접 커뮤니케이션합니다. 이에 따른 인간 삶과 문명 변화를 정확히 이해·예측·대응하는 것은 이 시대 우리 모두의 과제입니다. AI문고는 인공지능 기술과 환경의 여러 주제를 10가지 키워드로 정리합니다. 관련 개념과 이론, 학계와 산업계의 쟁점, 우리 일상의 변화를 다룹니다. 인간과 기술의 현재, 미래를 세심히 분석합니다.

일러두기

- 인명, 작품명, 저서명, 개념어 등은 한글과 함께 괄호 안에 해당 국가의 원어를 병기했습니다.
- 외래어 표기는 현행 어문규정의 외래어표기법을 따랐습니다.

처음이세요?

전문가세요?

AI와 아트세러피

엄정호·최윤정·김기성

대한민국, 서울, 커뮤니케이션북스, 2025

AI와 아트세러피

지은이 엄정호·최윤정·김기성
펴낸이 박영률

초판 1쇄 펴낸날 2025년 2월 28일

커뮤니케이션북스(주)
출판 등록 2007년 8월 17일 제313-2007-000166호
02880 서울시 성북구 성북로 5-11
전화(02) 7474 001, 팩스(02) 736 5047
commbooks@commbooks.com
www.commbooks.com

ISBN 979-11-7307-504-9 03500

책값은 뒤표지에 표시되어 있습니다.

차례

AI 활용의 중요성이 커지고 있는 정신 건강 관리와 아트세러피에 대하여

IT 예술 치료의 필요성

예술 심리 치료란 창작이라는 작업을 정신 심리 치료 이론의 틀에 맞추고 적절한 창작 기법을 사용하여 상기한 예술 심리 치료의 목적을 달성하는 것을 말한다. 예술 심리 치료는 미술, 음악, 무용, 놀이, 연극 치료 중 두 가지 이상의 예술 매체를 적용하는 통합적인 형태로서 미국을 중심으로 서구에서 조직력을 갖추고 활동하고 있는 심리 치료 분야다(김진숙, 2011). 예술 심리 치료 즉, 아트세러피(Arts Therapy)는 내담자가 두 가지 이상의 예술 매체 체험을 통해 만든 예술 활동의 결과물인 예술 심리 치료 과정의 데이터(일/주/달/연 단위)에서 지속적인 체험 전 · 후 결과 내용의 심리학적 변화를 분석하고 적용해 가는 치료 방법이다. 사용자에게 전문적인 예술 치료 체험과 심리 상담을 통해 병증의 완화 · 치료의 단서와 적절한 예술 분야를 찾는다. 이후 내담자에게 지속 · 반복적으로 선택한 분야를 체험하게 하여 긍정적 심리 변화 방향을 찾아가게 하는 것이 예술 심리 치료의 가장 큰 방향성이다. 따라서 예술 치료는 통합적 성격에 맞는 예술 실기 능력 및 상담 능력까지 다양한 경력을 갖춘 전문인력이 꼭 필요하다. 치료사의 지식과 경험 수준에 따라 치료 효과의 차이가 크게 나타난다. 이때 문제는 내담자의 예술 체험 데이터와 상담 데이터를 통합해 분석해야 하는 예술 심리 치료 통합 과정 전문 인력이 매우 부족하다는 사실이다.

예술 치료를 위한 창의적이고 복잡한 예술 체험과 개인적이고 내밀한 심리적 분석을 데이터베이스화하고 체험 프로그램으로 개발하기에는 기술적 성숙도가 부족했다. 하지만 1990년대 말을 기점으로 시작된 3차 AI 붐은 2010년대 딥 러닝(Deep Learning)의 성장을 거쳐 2020년을 기점으로 생성형 AI 혁명의 시대가 되었다. 심지어 상용화 AI 서비스를 개인 PC와 모바일에서도 활용할 수 있게 되었다. 초기 프로그램에선 AI는 단순 알고리즘에 입각한 상담 데이터 분석, 그림 분석(이마저도 특징 분류 수준)으로 전문 상담사의 예술 치료를 위한 보조 역할에 그쳤다. 하지만 최근 현대인들의 정신 건강 문제가 매우 심각해지며 예술 치료와 심리적 안정을 위한 수요가 급증하게 되었다.

애플리케이션(앱)에 HTP(집 · 나무 · 사람) 그림을 올리거나 앱상에서 직접 그리면 그림 검사를 AI로 분석하는 아트세러피 앱이 국내에 출시되었다. 이 앱을 개발한 희랩은 이렇게 말한다. "보건복지부에 따르면 국민 4명 중 1명은 생애 한 번 이상 정신 질환을 앓는다. 전 세계 인구 중 치료가 필요한 정신 질환자는 총 8억 명이라고 한다. 코로나19를 계기로 시장이 커지다 보니 2020~2021년에만 정신 건강 관련 유니콘 기업(기업 가치 1조 원 이상 비상장사)이 10개가 나왔다. 우리는 정신 건강 관리에 꼭 필요한 심리검사에 AI를 적용해 검사를 표준화하고자 한다"(이은영, 2023). 이처럼 사용자는 아트세러피 앱을 이용하여 단순한 형식이 아닌 매일의 감정 상태를 그림 그리고 기록하고 AI 분석이 가능한 예술 체험 치료를 수행할 수 있게 된 것이다. 이처럼 앱 기반 체험 공간 속에서 상담자가 접속할 수 있는 AI가 결합된 IT 기술의 예술 치료 적용 사례가 급속히 늘어나며 예술 심리 치료의 디지털 전환(Digital Transformation)은 생성형 AI를 통한 기술 발전으로 급속히 발전되고 있다. 특히 멀티모달(Multi Modal) AI 기술은 다양한 유형 속 가공되지 않은 원본 데이터(텍스트, 이미지, 음성, 비디오 등의 자료)의 해석과 분석이 가능하여 예술 치료 분야 역시 IT

디지털 전환이 원활히 가능해질 수 있는 촉매제가 되고 있다.

아트세러피 디지털화가 주목받는 이유

예술 치료의 가장 큰 장점은 다른 정신건강의학과의 진료와 같이 화학적 약에 의존한 치료가 아니라는 점이다. 미국치료협회(American Art Therapy Association)는 아트세러피를 다음과 같이 정의한다. "미술 치료(예술 치료)란 전문적 관계 내에서 병, 트라우마(Trauma) 또는 삶에서의 도전들에 직면한 사람들이나 개인적 성장을 추구하는 사람들에 의해 예술 작업이 치료적으로 사용되는 것을 말한다. … 공통적으로 예술 치료는 정신 질환, 자폐증 등 구체적인 질병을 갖고 있는 사람들 외에도 일반인 각자의 인격 성장과 발전, 자아 통찰력의 증진 등 자아 성찰에 대한 치유를 말한다."

예술 치료는 정신 질환이 있는 내담자의 자발적 선택으로 '약'이 아닌 '예술 체험'을 진행하며 체험 과정에 자연스럽게 '자기 치유 과정'을 만들어 내는 것이 커다란 장점이다. 반면에 단점으로는 정신건강의학과 진료나 정신 상담에 비해 비싼 체험 · 상담 비용이 드는 현실적인 부담이 있다. 하지만 예술 치료의 자기 치유적 방법과 치유 효과는 아트세러피의 다양성(미술 치료를 중심으로, 음악, 문학, 사진, 무용 · 동작, 영화, 독서, 역할극, 놀이 등)으로 주요 정신 질환 근본적 치료 방향 제시와 완화 효과를 기대할 수 있다. 또한 복잡한 원인의 정신 질환에 적합한 예방 · 치유 · 치료로 이어지는 체험 과정을 제시하고 무엇보다 최근의 '디지털 예술 치료' 방식으로 '상담 비용'의 문제를 상쇄시킬 수 있어 점차 주목도를 높여 가고 있다.

AI를 활용한 예술 치료의 디지털 전환은 치료사와 내담자 간의 개인화 AI를 목표로 개발되며 질환별 체험 콘텐츠를 추천해 주고 활용될 수 있는 명확한 계기를 마련해 준다. 실 적용된 아트세러피로는 가장 증세가 많은 우울증과 정신적 스트레스에 단순 컬러세러피(Color Therapy)를 응용한 DIY 컬러링북(Coloring Book)이나, 실생활에 적용한 컬러 인테리어(Color Interior)까지 사용한 사례가 있다. 또한 영양소와 음식의 레시피와 데코레이션 등을 활용한 푸드세러피(Food Therapy) 역시 최근 주목받고 있는 아트세러피 방법이다. 이렇듯 내담자는 AI를 활용하여 가상현실(Virtual Reality, VR)에 접속해 시간 · 비용 · 공간의 제약을 극복하고 아트세러피를 저렴한 비용으로 실행하고 체험할 수 있다. 이는 곧 실생활과 접목된 아트세러피가 디지털로 전환되고 AI가 적극 활용되어야 하는 이유다. 각 체험에서 내담자의 행위에 대한 AI 데이터 분석을 통해 필요한 반복 요소와 개인 맞춤형 추천(반복 긍정 루틴을 내담자에게 요청 · 실천을 유도하는 점은 정신 질환 치유에 핵심 요소 중 하나) 기능은 디지털 치료의 중요한 장점이다. 또한 다양한 아트세러피에 결합되어 있거나 혹은 독립해 쓸 수 있는 음악세러피는 불면증을 비롯한 다양한 정신 질환 치료에 미술 치료와 함께 가장 많이 사용된다.

아트세러피의 종류 중 하나인 역할극(사이코드라마), 동작 · 무용 치료 등은 내담자가 흔히 결정할 수 있는 치료 방식이라 할 수 없다. 이러한 기존 아트세러피 중 전문성과 체험 난도가 높은 동작 · 무용 치료, 역할 치료 등은 '실제가 아닌 가상현실 속'이기에 보다 쉽게 적용할 수 있다. 내담자는 자신과 유사한 아바타와 스토리텔링을 통해 치료 콘텐츠에 감정이입을 유도해 몰입될 수 있는 환경에 접속한다. 이때 자신이 선택한 '역할 수행 미션과 보상' 및 '행위 여정 스토리'를 기존 형식이 아닌 생성형 스토리와 미션 [또는 퀘스트(Quest)] 수행 역할극의 게임 형식으로 풀어낼 수 있는 기술 개발이 이뤄진다. AI 기반 아트세러피로 시공간에 제약받지 않으면서 기존 예술 치료에 비해 다양한 예방과 선택 체험이 가능하고 중요 문제 중 하나인 고가의 상담 치료를 현저히 저렴한 비용으로 사용하게 된 점은 주목할 지점이다. 디지털 콘텐츠에 익숙한 MZ세대를 중심으로 사용이 확산하고 있지만, 정신 질환 치료는 모든 연령대에 필요한 만큼 AI 활용의 당위성이 가장 높은 분야라 할 수 있다.

디지털 시대, 인간의 고유성 탐구

AI 챗봇, 챗지피티(Chat GPT), 유튜브(Youtube) 추천 알고리즘 등 인터넷을 넘어 AI는 다양한 서비스를 통해 우리 생활 깊숙이 스며들어 수많은 선택지 안에서 개인이 원하는 경험에 더 빠르게 도달하게 한다. 과거에 없던 서비스가 생활 전반에 확대되어 개인은 효율적인 경험을 하고 있고, 무선 이어버드, 스마트폰, 태블릿 등 디지털 기기를 태어나면서부터 사용한 디지털 세대는 이를 통해 빠르게 소통하고 정보를 습득하고 있다.

디지털 세대를 이어 2010년 초부터 2020년대 초중반 출생한 세대는 AI 네이티브 1세대가 될 것이라고 전망하며, 디지털 기기와 기술을 사용할 줄 아는 사람과 그렇지 못한 사람의 격차로 취업과 사회적 참여 등에서 큰 차이가 생기고 있다. 이렇듯 AI 발전이 산업 구조 전반의 변화를 촉진하고 있는 상황에서 10년 안에 사라질 직군 순위 상위 10개, 사라지지 않을 직군 순위 상위 10개, 디지털 시대 인기 직업 상위 10개를 전망하지만 정리되어 나오는 내용이 매번 다르다. 당장 우리 주변에서 콜센터 상담원, 통·번역사, 은행 창구 직원, 창작자와 같은 직업들이 AI 기술로 인해 역할이 축소되고 일자리가 줄어드는 것을 직접 경험하면서, 일자리 상실에 대한 불안감이 사회 전반에 확산하고 있다.

사회적 불안이 커지면 인문학에 대한 관심이 높아지는 경향이 있는데 제4차 산업혁명 시대에 접어들면서 일부 전문가들은 개개인의 고유성과 정체성을 가져야 한다고 주장한다. 자기 탐색을 통해 내면의 안정과 개성을 발견하고, 더 나아가 삶의 의미를 탐구할 수 있도록 하는 심리 상담사로서 깊이 공감되는 내용이다. 각 개인이 자신의 고유성을 깨닫는 것은 급변하는 시대 속에서 인간다운 삶의 본질을 회복하는 데 중요한 역할을 하며 안정된 내면은 감정적 균형과 균형 잡힌 사고를 가능하게 하여 조화로운 성격을 지향하고 나름의 삶의 의미를 추구할 수 있을 때 개인은 삶을 회복하는 것을 넘어, 세상을 더 나은 곳으로 변화시키려는 용기와 도전 정신을 갖추게 된다.

디지털 시대의 감정 표현과 정신 건강 관리

인간애를 바탕으로 세상을 이롭게 한다는 것은 많은 이들이 각자의 분야에서 협력하여 공동의 선을 창출하는 것이다. 그러나 현실은 상대적 빈곤 속에서 모두가 치열한 경쟁자가 되어 오직 1등만이 살아남는 구조로 변모했다. 이 과정에서 인간뿐만 아니라 자연에 대한 배려는 사라지고 타인과의 협력 또한 철저히 무시된 채 목표를 향해 달려가는 동안 이기심과 무자비함이 만연해 그 결과 공동체 의식은 점차 사라지고 있다. 결국 이러한 경쟁 사회는 소수만이 이득을 독차지하고, 나머지 대다수는 실패자로 낙인찍히는 잔인한 현실을 만들어 가고 있다. 이는 단지 성공과 실패의 문제가 아니라, 인간다움을 잃어버리고 타인을 도구화하는 비인간적 결과의 단면을 여실히 보여 주고 있다. AI의 새로운 기능이 추가될 때마다 잠재적 피해 요소들은 점차 확대되고 있지만 혁신적인 AI 기반 서비스는 최첨단 도입이라는 타이틀을 앞세워 공급자는 어떠한 우려에서도 자유로워 보인다. 특히, 생성형 AI가 감정 표현이 불가능하다는 평가가 나오자마자 중독성 있는 의인화된 AI 대화 챗봇 등장으로 아동·청소년 및 심리적으로 취약한 사용자들이 실제 감정적 연대감을 제공할 수 없는 AI에게 친밀감과 신뢰감을 형성하는 사례가 발생하고 있고, 이러한 영향은 심각한 심리적 의존으로 이어져 일부 경우에는 자살에 이르는 비극적인 사례로까지 발전하고 있다. 윤리적 고려 없이 상업적 이익에만 집중한 AI 개발과, 이를 통제할 수 없는 사회 구조가 만나면서 발생하는 심각한 비극이다. AI가 인간을 위한 기술로 발전하기 위해서는 인간의 안전을 보호하는 책임 있는 기술 개발이 필수적이다. 앞서 이야기한 것처럼 세상을 더 나은 곳으로 변화시키려는 의지는 단순히 나이를 먹거나 지식이 많다고 저절로 형성되는 것이 아니다. 내면에서 동기부여가 일어날 수 있도록 꾸준히 자신이 옳다고 믿는 가치를 공동체에서 충분히 논의하고 이를 행동으로 실천함으로써 가능해진다.

우리가 무엇을 안다는 것과 그것을 실제로 실천하는 것 사이에서 큰 차이가 만들어진다. 이 차이가 클수록 내적 갈등의 원인이 되고, 차이가 작을수록 내면의 건강과 성숙이 이루어진다. 예를 들어 대부분의 사람들은 정신 건강을 위해 삶의 균형이 필요하다는 것을 알고 있고, 일상적 스트레스 관리와 자기 돌봄의 중요성도 인식하고 있다. 그러나 현실에서 내면의 건강을 돌보는 행동을 실천하기란 쉽지 않다. 바쁜 일상 속에서 충분히 쉬지 못하고, 스트레스를 방치한 채 계속 업무에 몰두하다 보면,

내면에서는 쉬어야 한다는 생각과 쉴 수 없는 현실 사이에서 갈등이 생긴다. 예컨대, 업무가 겹쳐 피로감이 높아지는 상황에서도 스스로를 돌보는 시간을 내기보다는 잠을 줄여 가며 맡은 책임을 다한다. 이때 나를 위해 휴식이 필요하다는 것을 지식으로 알고 있지만 이를 행동으로 옮기지 못하면서 내면의 안정이 흔들리고 결국 심리적 피로가 누적되게 된다. 단순히 내면 관리에 대한 중요성을 아는 것만으로는 내면의 평화를 유지하는 것은 불가능하다. 눈에 보이지 않는 내면의 건강과 성숙은 '안다'라는 인식에서 시작되지만, 그것을 '행동으로 옮기는 과정'에서 완성되는 것이다. 또한 가정과 일터에서 솔직하게 감정을 표현하는 노력 또한 내면을 관리하는 방법이다. 긍정적인 감정이나 부정적인 감정을 쌓아두는 것은 장기적으로 개인에게 이롭지 않다. 감정 표현을 억제하는 것은 자신감 부족 또는 개인의 목적을 위해서 자신과 타인을 기만하는 경우다. 이는 결국 불필요한 갈등과 오해를 키우며, 장기적으로 스트레스를 증가시켜 신체 건강에도 악영향을 미칠 수 있게 된다.

다행히 최근 들어 정신적 피로를 해소하고 내면의 평화를 찾고자 하는 욕구가 커지면서 많은 사람들이 내면 건강을 위해 러닝, 독서 모임, 스케치 등 다양한 활동을 한다. 단순한 취미를 넘어 예방적 차원에서의 정신 건강 관리로 정신적 충전의 시간을 가지려는 경향이 커지면서 현대인들의 새로운 문화로 자리 잡았다. 또한 정신 건강 관리를 돕는 다양한 앱은 언제 어디서나 간편하게 사용할 수 있어서 심리적 고통이 크지 않은 상태에서 앱을 통해 감정을 기록하고, 명상, 호흡, 간단한 심리 테스트 등으로 정신 건강 관리의 접근성을 낮추고 있다. 주의해야 할 것으로는 정신 건강 관리 앱은 치료나 전문 상담을 대체할 수 없고 정신 건강 역시 치료 시기를 늦추지 않는 것이 매우 중요하기 때문에 일상생활에서의 적응 정도나 정서 조절 능력이 전과 차이가 있다는 것을 느끼게 되면 초기에 전문가를 통해 심리검사를 해볼 것을 권한다.

심리 치료의 순서는 먼저 심리검사를 하고, 이후 검사 결과에 대하여 해석 상담을 한다. 그리고 결과에 따라 치료 방법과 기간에 대한 안내가 있는데, 그 중 아트세러피(미술 치료)는 내담자의 마음 상태를 시각적으로 표현하고 탐구하는 치료 방법으로 내면을 표현하고 이해할 수 있다. 브루스 문(Moon, 2009)이 '일반 거울이 우리의 외적인 모습을 비춰 준다면 캔버스는 우리의 내적인 모습을 비춰 주는 거울이다'라고 했던 것처럼 내담자는 미술이라는 도구를 통해 감정을 표출하고, 상담사는 이를 해석하여 내담자의 정서 상태를 확인하고 치료 목표에 맞게 회기를 진행한다. 최근에는 생성형 AI를 활용해 내담자의 감정이나 복잡한 내면을 더욱 정교하게 탐구할 수 있는 가능성을 열어 주고 있다. 생성형 AI는 단순히 이미지를 생성하는 도구가 아닌, 사용자의 의도에 따라 감정이 반영된 상징적 표현으로 새로운 통찰을 할 수 있게 한다. 생성형 AI가 급속도로 발전하기 바로 2년 전까지만 하더라도 아트세러피에서는 다양한 매체를 다뤄 보는 경험이 여러 감정을 느끼게 하는 것을 도왔고, 창작물의 완성도보다 감정을 이미지화해 보는 창작 과정이 내면을 만나기 위한 개인의 투쟁과도 같은 것이었다. 그런데 현재는 단어 몇 개, 문장 몇 개로 내 마음을 상징적으로 표현할 수 있게 되어서 놀라지 않을 수가 없다.

실제 미술 치료를 진행할 때 실험해 본 것 중에 하나의 사례다. 내담자에게 동의를 구하고 미술 전공자가 동석해서 상담 과정에서 언어로 표현되는 내담자의 마음 상태를 이미지화하는 작업을 했었다. 미술 전공자마다 스타일이 달라서 상담자가 원하는 스타일로 그림이 완성될 때까지 미술 전공자를 몇 번을 바꿨다. 그러던 어느 날 이미지 생성형 AI를 마주하게 되었다. 나와 같은 미술 치료사에게는 마법 같은 일이다. 생성형 AI는 활용하는 사람의 잠재력에 따라 AI의 잠재력도 발휘될 것이다.

재미있는 예시가 하나 더 있다. 20대 중반 한동안 부모님의 기대에 못 미쳐 부모님과의 대화가 스트레스로 느껴졌던 때가 있었다. 당시 아침에 일어나서 그날 기분을 표현해 주는 이미지 배지를 옷에 달고 아침 식사를 하는 것이 내 감정을 보호할 수 있는 방법이었다. 예를 들어 화가 나 있는 날에는 헐크 이미지 배지를, 기분이 좋은 날에는 노란 스마일 얼굴 배지를 가슴에 붙이고 식탁에 앉으면, 부모님은 "오늘 화가 났네" 또는 "기분 좋구나" 하시며 감정 상태를 살피고 하고 싶은 말씀을 참거나 고민해서 말씀하셨다. 감정을 배려받고 싶었지만 매번 설명하는 것이 번거롭다고 느꼈고, 이 때문에 비언어적으로 의사소통을 시도했던 것이 통했다. 이 시도는 디지털 환경으로 이어져 이모티콘을 구독해 감정 표현을 자유롭게 하는 방식으로 발전됐다. 감정 표현의 중요성은 늘 알고 있었지만, 이모티콘을 사용하면서 감정을 더 긍정적으로 해소하고 재미있게 소통할 수 있음을 느끼고 있고, 이모티콘 사용 빈도와 종류를 분석해 보면서 감정 상태에 대한 흥미로운 통찰도 얻고 있다.

정신 건강은 매일, 매 순간 우선적으로 관리하고 돌봐야만 유지되고 증진될 수 있다. 그래서 나만의 방식으로 건강한 삶을 위해 어떤 실천을 할 수 있을지 고민해 보고, 얼마나 실천하고 있는지 자가 모니터링을 하는 것은 일상적으로 건강한 내면 관리를 할 수 있는 것으로 개인과 사회에 꼭 필요하다. 현재 전 세계적으로 정신 건강 앱이 수천만 건 이상 다운로드되었다는 사실은 많은 사람들이 자기 관리를 통해 내면의 안정을 추구하고 있음을 보여 주는 것이다. 단, 정신 건강 증진을 위한 목적으로 앱을 사용하는 것은 유익하지만, 정신 질환이 있는 경우에는 전문가의 상담과 병행할 것을 권장한다. 또한 디지털 환경에서 감정이나 일상을 기록할 때는 해킹 등의 위협으로 개인의 민감한 정보가 유출될 가능성도 염두에 두어야 한다.

AI와 아트세러피의 통합 : 혁신적인 치료 접근법

현대 사회에서 정신 건강 문제는 전 세계적으로 증가하고 있으며, 이에 따라 효과적이고 혁신적인 중재 방법의 필요성이 대두되고 있다. 특히 코로나19 팬데믹 이후, 정신 건강 관리의 중요성은 더욱 부각하였으며, 이는 새로운 기술과 접근 방식의 도입을 가속화하고 있다. 이러한 맥락에서 인공지능(Artificial Intelligence, AI) 기술은 정신 건강 관리와 아트세러피 분야에 혁명적인 변화를 가져오고 있다(D'Alfonso et al, 2020). AI 기술은 데이터 분석, 개인 맞춤형 치료, 그리고 실시간 모니터링을 가능하게 하여 기존의 치료 접근법을 혁신하고 있다. 특히 아트세러피는 언어적 접근 방식과 예술적 표현을 결합하여 내담자의 심리적 상태를 이해하고 증진하는 데 중요한 역할을 한다. AI 기술의 활용은 이러한 과정을 지원하며, 특히 텍스트 및 이미지 분석, 감정 인식, 그리고 다양한 데이터 소스를 통합하여 맞춤형 치료를 제공할 수 있는 잠재력을 지니고 있다. AI는 정신 건강 관리 분야에서 진단의 정확성 향상부터 치료 개입의 제공에 이르기까지 모든 측면에서 변화를 주도하고 있다. 증가하는 정신 건강 관리 수요에 대응하여, AI는 실무자와 내담자에게 비용 효율적인 지원을 제공하며, 일부 경우에는 인간 주도 치료의 보완재 또는 대안으로 자리 잡고 있다.

AI 기반 정신 건강 관리 시스템은 환자의 의료 기록, 행동 패턴, 생체 신호 등을 포함한 대량의 데이터를 처리하여 정신 건강 문제의 조기 징후를 식별하는 데 도움을 준다. 이러한 능력은 각 환자의 특정 요구에 맞춘 고도로 개인화된 치료 계획의 개발을 가능하게 한다. 예를 들어, 머신 러닝(Machine leaning) 알고리즘은 환자의 과거 치료 반응, 생활 습관, 유전적 요인 등을 분석하여 가장 효과적일 것으로 예상되는 치료 방법을 제안할 수 있다. 아트세러피 분야에서 AI의 활용은 특히 주목할 만하다. AI는 내담자의 예술 작품을 분석하여 감정 상태와 심리적 변화를 파악하는 데 도움을 줄 수 있다. 예를 들어, 컴퓨터 비전과 딥 러닝 기술을 사용하여 그림의 색상, 구도, 선의 특성, 질감 등을 분석하고, 이를 통해 내담자의 정서 상태를 추론할 수 있다. 이러한 분석은 치료사가 내담자의 심리 상태를 더 깊이 이해하고, 치료 과정을 최적화하는 데 도움을 줄 수 있다. 더불어 AI는 아트세러피 세션 중 생성된 대화 내용을 자동으로 기록하고 요약하는 데 활용될 수 있다. 자연어 처리(Natural Language Processing, NLP) 기술을 활용하여 세션 중 주요 주제, 감정 변화, 중요한 통찰 등을 추출할 수 있다. 이는 치료사가 세션 후 내용을 검토하고 분석하는 데 소요되는 시간을 크게 줄여줄 뿐만 아니라, 장기적인 치료 진행 상황을 객관적으로 평가하는 데도 도움을 준다. 예를 들어, AI는 여러 세션에 걸친 내담자의 언어 사용 패턴 변화를 추적하여 심리적 상태의 변화를 감지할 수 있다.

AI와 아트세러피의 통합은 새로운 형태의 창의적 치료 방법을 가능케 한다. 예를 들어, AI 기반 자연어 생성

(Natural Language Generation, NLG) 모델을 사용하여 내담자의 작품에 대한 시나 이야기를 자동으로 생성할 수 있다. 이는 내담자가 자신의 작품을 새로운 관점에서 바라보고 해석하는 데 도움을 줄 수 있으며, 추가적인 자기표현과 통찰의 기회를 제공한다. 또한 AI는 내담자의 작품을 바탕으로 새로운 이미지나 음악을 생성하여, 창작 과정을 확장하고 새로운 치료적 대화의 기회를 만들어 낼 수 있다(Alhuwaydi, 2024). AI 기술은 가상현실과 증강 현실(Augmented Reality, AR) 기술과 결합하여 몰입형 아트세러피 경험을 제공할 수 있다. 예를 들어, 가상현실 환경에서 내담자는 3D 공간에서 자유롭게 그림을 그리거나 조각을 만들 수 있으며, AI는 이러한 가상 작품을 실시간으로 분석하고 피드백을 제공할 수 있다. 증강 현실 기술을 활용하면 실제 환경에 디지털 요소를 추가하여, 내담자의 현실 세계와 상상의 세계를 연결하는 독특한 치료 경험을 만들어 낼 수 있다. 이러한 접근법은 전통적인 아트세러피의 한계를 넘어, 내담자가 자신의 내면세계를 더욱 생생하게 탐험하고 표현할 수 있는 기회를 제공한다(Rogan et al, 2024). AI를 활용한 아트세러피는 또한 치료의 접근성을 크게 향상할 수 있다. 온라인 플랫폼과 모바일 앱을 통해 언제 어디서나 아트

세러피 세션에 참여할 수 있게 되어, 지리적 제약이나 시간적 제약으로 인해 치료를 받기 어려웠던 사람들에게도 도움을 줄 수 있다. 이는 특히 농촌 지역이나 정신 건강 서비스가 부족한 지역의 사람들에게 큰 혜택이 될 수 있다. 또한 AI 챗봇을 활용한 24/7 지원 시스템은 위기 상황에서 즉각적인 도움을 제공할 수 있으며, 치료사의 부재 시에도 지속적인 케어를 가능하게 한다(Terra et al, 2023). AI는 아트세러피 연구 분야에도 큰 기여를 할 수 있다. 대규모 데이터 분석을 통해 아트세러피의 효과성을 객관적으로 평가하고, 새로운 치료 기법의 개발을 가속화할 수 있다. 예를 들어 머신 러닝 알고리즘을 사용하여 수천 개의 아트세러피 세션 데이터를 분석함으로써, 특정 유형의 예술 활동이 특정 정신 건강 문제에 미치는 영향을 정량적으로 평가할 수 있다. 이는 증거 기반 아트세러피 실무의 발전에 크게 기여할 수 있다.

그러나 AI의 활용이 증가함에 따라 윤리적 문제와 데이터 보안에 대한 우려도 제기되고 있다. 개인정보 보호, AI 의사 결정의 투명성, 그리고 치료사-내담자 관계의 본질적 가치 유지 등이 주요 과제로 대두되고 있다. 예를 들어, AI 시스템이 내담자의 민감한 정보를 처리할 때 발생할 수 있는 데이터 유출 위험, AI의 판단이 편향될 가능성, 그리고 AI에 대한 과도한 의존으로 인한 인간적 접촉의 감소 등이 우려되고 있다. 따라서 AI 기술을 정신 건강 관리와 아트세러피에 통합할 때는 이러한 윤리적 고려 사항을 충분히 검토하고 적절한 가이드라인을 수립해야 한다(Rogan et al, 2024). 또한 AI 기술의 도입에 따른 치료사의 역할 변화에 대한 논의도 필요하다. AI가 일부 업무를 자동화하고 보조할 수 있지만, 인간 치료사의 공감, 직관, 그리고 복잡한 상황에 대한 이해 능력은 여전히 중요하다. 따라서 AI를 효과적으로 활용하면서도 인간 치료사의 고유한 가치를 유지할 수 있는 균형 잡힌 접근이 필요하다. 결론적으로, AI는 정신 건강 관리와 아트세러피 분야에 혁신적인 변화를 가져오고 있다. 진단의 정확성 향상, 개인화된 치료 계획 수립, 창의적 치료 방법의 개발, 접근성 향상 등 다양한 측면에서 AI의 잠재력이 입증되고 있다.

앞으로 AI 기술이 더욱 발전함에 따라, 정신 건강 관리와 아트세러피 분야에서의 AI 활용은 더욱 확대될 것으로 예상된다. 그러나 이러한 발전이 윤리적이고 책임감 있게 이루어질 수 있도록 지속적인 연구, 논의, 그리고 규제 체계의 개발이 필요할 것이다. 또한 AI와 인간 치료사의 협력 모델을 개발하고, AI 리터러시를 갖춘 정신 건강 전문가를 양성하는 것도 중요한 과제가 될 것이다. 이러한 노력을 통해 AI와 아트세러피의 통합은 정신 건강 관리의 새로운 지평을 열어 갈 수 있을 것이다 (Alhuwaydi, 2024).

참고문헌

김선명·김준형(2021). 『예술치료의 이론과 실제』. 계축문화사. 8-9쪽.

김지현(2024.3.15.). [All Around AI 1편] AI의 시작과 발전 과정, 미래 전망. SK하이닉스 뉴스룸. https://news.skhynix.co.kr/post/all-around-ai-1

김진숙(2011). 『샤머니즘과 예술치료』. 학지사.

이은영(2023.8.12.). [스타트UP] 그림으로 1초만에 심리검사… 마음 건강 책임지는 '희랩'. ≪조선비즈≫. https://biz.chosun.com/industry/company/2023/08/12/WA4FOCK4GRD7PEXSK2I52FBSXM/

Alhuwaydi, A.(2024). Exploring the role of artificial intelligence in mental healthcare: Current trends and future directions—A narrative review for a comprehensive insight. *Risk management and healthcare policy*, 17, pp.1339-1348.

D'Alfonso, S., et al.(2020). Artificial intelligence-assisted online social therapy for youth mental health. *Frontiers in psychology*, 11, 1752. https://www.frontiersin.org/articles/10.3389/fpsyg.2020.01752/full

Moon, B. L.(2009). *Existential art therapy: The canvas mirror.*

Charles C Thomas Publisher. 원희랑 역(2019). 『실존주의 미술치료』: 캔버스 거울』. 학지사. 5쪽.

Rogan, J., et al.(2024). Health care professionals' views on the use of passive sensing, AI, and machine learning in mental health care: Systematic review with meta-synthesis. *JMIR mental health*, 11, e49577. https://mental.jmir.org/2024/1/e49577

Terra, L. S., et al.(2023). Artificial intelligence-based interventions in mental healthcare: A scoping review. *International journal of medical informatics*, 171, 104968.

Wikipedia(2024). 예술 치료(아트세러피). https://ko.wikipedia.org/wiki/%EC%98%88%EC%88%A0_%EC%B9%98%EB%A3%8C

01
AI와 생성 예술 기반 아트세러피

인공지능이 만들어 낼 수 있는 예술의 장르와 내용은 인간이 수없이 반복하여 만들어 내는 변수와 유사한 예술 행위의 결과를 생성해 낸다. 각각의 서로 다른 생각과 개성을 지닌 인간의 의식적 또는 무의식적 창작 행위를 반영한 작품의 수많은 데이터를 기반으로 초기의 언어 모델에서 현재의 발전된 데이터 학습 능력을 갖추게 되었다. 이는 창작 행위 기반의 예술 치료 방식을 도입할 수 있는 계기를 마련한 것이다.

AI와 1인 창업?

AI 생성 예술이란?

발터 베냐민(Walter Benjamin)은 산업화가 급속하게 되었던 1900년대 초반을 몸소 체험하면서 기술의 발전이 예술에 미치는 영향을 간파했다. 그리고 그가 주장한 '기술 복제 시대'에 이르러 만들어진 '예술 또는 예술 작품'은 관람객들이 받아들이게 되는 예술의 정의에 대해 전통적 '미'의 관점을 벗어난 대량생산에 의한 다른 관점의 '아름다움' 즉, 기존 형식과 다른 '새로움에 기반한 참신함'과 '개념적 아름다움'의 테크 아트와 융합적 미디어 아트의 관점이 제시되었다. 새로운 개념의 아름다움은 조용한 관람이 아닌 '체험'에 가까운 새로운 시프트 패러다임(Shift Paradigm)으로 산만하면서 영상 기술로 '몰입'시키는 관조가 아닌 예술의 '충격'을 전달한다. 이와 같은 개념은 기존 가치관을 무너뜨리는 전복 개념의 '다다이즘(Dadaism)' 미술의 등장으로 개념 미술과 새로운 테크놀로지를 기반으로 하는 뉴 미디어(New Media) 예술로 불리기도 하는 '미디어 아트'가 1920년대 이후 현재까지 디지털 기술과 함께 전개되게 되는 기본 개념이 되었다.

그리고 1950년 이미 등장한 앨런 튜링(Alan Mathison Turing)에 의해 '기계가 생각할 수 있는가?'로부터 '인공지능(Artificial Intelligence, AI)'의 기초 개념을 만들어 냈다. 하지만 인공지능은 컴퓨터 발전과 함께 2~3차례의 과학계의 주목을 받았지만 괄목할 만한 상업적 · 기술적 성과를 나타내지 못하다가 2000년대 특히 2020년 이후 거대 생성형 언어 모델(LLM)로부터 유의미한 결과물을 만들어 낸다. 이와 같은 맥락 속에 AI 생성 예술은 이전 수많은 그래픽과 영상 · 애니메이션, 음악 제작 등의 디지털 제작 프로그램과 알고리즘에 기초한 자동 수행 도구들로 디자이너와 예술가들의 창작 도구로서 톡톡히 구실을 한다. 하지만 최근 AI 생성 예술은 일반인도 복잡한 그래픽 도구지만 컴퓨터 언어 개발 코드 또는 게임 엔진 등 전문적 기술과 코딩 실력을 갖추지 않고 일반적 언어 프롬프트(Language Prompt)를 통해 기존 상식으로는 상상하기 힘든 구체적 결과를 간단히 만들 수 있게 되었다. 생성형 언어 모델과 멀티모달 AI의 등장으로, 전문적인 교육 없이도 간단한 학습만으로 누구나 전문적인 수준의 예술 작품을 만들 수 있는 시대가 열리게 된 것이다. 이는 20세기 초 기술 복제 시대의 예술 작품이 가져온 충격과 개인용 PC 및 스마트폰으로 인한 개인화된 예술 창작의 확산에 이어, 또 다른 패러다임 시프트의 변화를 불러오고 있다. AI 생성 예술은 사회, 정치, 경제 전반에 걸쳐 큰 영향을 미치고 있으며, 지금 이 순간에도 빠르게 발전하고 있다.

AI 생성 예술의 아트세러피 적용

AI가 모든 사회 전반의 발전과 개혁을 이끌어 가고 점점 더 가속화될 것으로 대부분 사람은 예상한다. 이런 가속화된 발전 속에 AI 생성 예술 분야는 전문가 영역에 국한되었던 창의성(Creativity)을 일반인 영역까지 확장해 촉발하고 있다. 이는 팝 아트(Pop Art)의 대가였던 앤디 워홀(Andy Warhol)의 예술관과 매우 유사한 면을 갖는다. 워홀은 판화[판화 기법 중 가장 쉽게 일반인도 프린팅이 가능한 실크 스크린(Silk Screen)]를 활용한 도구를 대부분의 대표작을 제작하는 데 활용했다. 그는 특정 예술가(고급 예술을 칭하며 예술을 위한 예술로 언급되는)를 위한 예술에 반대하며 팝 아트(반예술적 개념)적 관점으로 '누구나 작가와 동일한 결과물을 만들 수 있어야 한다는 생각'과 '나는 다른 사람들이 내 작품의 모든 것을 할 수 있어야 한다고 생각한다'는 개념을 예술에 도입하였다(이재박, 2021).

특정 전문가 집단의 전유물이 아닌 일반인도 참여 가능한 창의성 가득한 예술을 향한 앤디 워홀의 예술관의 방향성은 이처럼 AI 생성 예술과 유사한 목표지점을 갖는다.

코딩 전문가가 아닌 일반인도 접근이 가능하게 된 AI 생성 예술과 다양한 인공지능의 힘을 빌려 발전해야 하는 통합적 성격을 가진 분야 중 '의료와 예술 분야'를 합친 것이 '아트세러피'라 할 수 있다. 예술 치료 분야에서 내담자들은 예술적 표현 능력의 부족으로 자신이 의도한 바를 충분히 표현하지 못하는 경우가 많았고, 상담사들은 예술과 상담 두 분야의 전문성을 동시에 갖추는 데 어려움을 겪어 왔다.

AI 생성 예술 기반 아트세러피는 예술 치료의 광범위한 지식 체계 중 일부만 숙달해도 다양한 치료 분야에 활용될 수 있는 확장성을 지니게 된다. 예를 들어 미술 분야의 기본적 소묘와 드로잉 지식을 생성형 AI에 접목하면 회화, 드로잉, 판화, 조각, 공예까지 전문가 수준의 예술 결과물을 만들어 낸다. AI에 세밀한 지시를 내리면, 전문 지식이 부족한 일반인도 전문가와 유사한 결과물을 얻을 수 있는 것이다. 다만, 생성된 결과물의 우수성을 판단하는 데에는 어려움이 따를 수 있다.

또 다른 예로 음악 생성 AI를 활용하면 건반이나 악보에 대한 지식이 있는 사람이라면 누구든지 전문적인 수준의 음악을 쉽게 만들 수 있다. 이는 기존의 디지털 미디(Digital Midi) 작업처럼 복잡한 기술을 익힐 필요 없이, 창의적인 아이디어를 바로 음악으로 구현할 수 있다는 점에서 큰 장점이 된다. 이렇듯 다양한 예술 분야에 AI 생성형 예술과 예술 치료의 상담자와 치료사의 기술적 보조 역할을 넘어선 다양한 심리적 병증의 증후들을 예술품으로 제작할 수 있게 된 것이다. AI 아트세러피 앱이나 가상현실(Virtual Reality, VR) 플랫폼을 통해 누구나 쉽게 예술 작품을 만들고, 이를 분석하여 얻는 정보는 전문 치료사가 수집하는 정보보다 더 정확하고 방대할 수 있다.

AI를 활용한 디지털 아트세러피는 사용자가 창작한 작품을 분석하여 개인에게 맞춤형 콘텐츠를 추천해 주는 기능을 제공한다. 이를 통해 예방, 치유, 그리고 다양한 질병의 정도에 따른 맞춤형 치료가 가능해졌다. 또한 AI 디지털 콘텐츠의 무한한 가능성 덕분에 사용자는 기존의 정형화된 예술 치료 콘텐츠보다 훨씬 다양하고 흥미로운 경험을 지속해서 누릴 수 있게 되었다.

개인화된 창의적인 AI 활용 예술 치료

예술 창작의 개인화된 특성은 가장 내밀한 인간의 심리

상황을 담기 때문일 것이다. 그리고 내담자의 다양한 상태가 반영된 결과물에 해당하는 예술품을 제작하고 체험된 심리 상태를 분석함으로써 예술 치료의 기초적 기반이 형성된다. 따라서 예술을 활용한 치유와 치료의 핵심에 대해 명확한 검증이 필요하다. 예술을 치유로 보는 시각을 받아들일 때 생겨나는 주요 결과는 무엇일까? 기본적으로 예술과 관계를 맺는 가장 중요한 이유는 예술이 우리를 도와 더 나은 삶, 더 나은 자아로 이끌어 준다는 확신이다. 관람객(상담자)에게 심리적 취약점을 폭넓게 보완할 수 있는 도구는 다름 아닌 예술이다. 이처럼 보완이 필요한 인간의 심리적 취약점을 크게 일곱 가지로 집약 후 그에 대한 예술로 형성할 수 있는 보완책을 요약하면 다음과 같다(번호는 심리적 취약점, → 표시는 예술에 의한 보완책에 해당한다).

1) 우리는 중요한 무언가의 의미를 잊어버린다.

→ 예술로 나쁜 기억을 교정하는 역할을 수행한다.

2) 우리는 희망을 쉽게 잃어버리고 그에 따라 성공 기회를 놓쳐버린다.

→ 희망의 조달자로서 예술은 즐겁고 유쾌한 것들을 붙잡아 둔다.

3. 우리는 곤경의 의미를 잘못 판단하는 탓에 쉽게 당황한다.

→ 슬픔의 존엄화를 통해 우리 자신을 반영하는 주제의 원천으로 삼는다.

4) 우리는 균형감이 없는 데다 자신의 장점을 보지 못한다.

→ 절대적 균형의 추로서 다양한 예술품의 감상을 통해 우리 본성의 균형을 회복시킨다.

5) 우리는 어렵게 깨닫는다.

→ 자기 이해로 이끄는 길잡이로서의 예술을 활용한다.

6) 우리에게 중요한 경험, 사람, 장소, 시기를 거부한다.

→ 경험을 확장하는 대리 경험을 제공하는 예술로 중요한 기회를 잡을 수 있는 선구안을 갖는다.

7) 진짜 삶이 다른 곳에 있다는 고민이 우리를 끊임없이 갉아먹는다.

→ 예술로 현실 감각을 깨운다.

(Botton & Armstrong, 2018).

이처럼 내담자의 심리적 취약점이 좀 더 개인의 삶 속에 파고들 때 이는 정신병적 기저로 발전하게 되기도 하지만, 예술은 제각기 취약점을 보완하며 개개인의 삶을 회복시켜 주는 소임을 수행할 수 있게끔 한다. 이는 예술 치료의 근원적 방향성이라 할 수 있다.

위에서 언급한 급속히 개인화된 현대인의 사회상 속 심리적 취약성을 예술로 회복시키는 가장 대표적 방법이 예술 치료라고 가정할 때, 복잡한 예술 원리를 좀 더 대중적이고 쉽지만 동시에 광범위하게 적용하는 방법이 필요하다. 예술 치료 분야에 가장 적합한 AI 기술은 무엇이며, 이를 통해 어떤 방식으로 치료 효과를 높일 수 있을까?

이에 관한 일곱 가지 추상적 질문을 AI를 활용한 기술 창의성으로 구체화해 보았다.

첫째, 심리학적으로 그림자 영역이라 하는 개인의 부정적 방향성을 예술 결과물에 대한 AI 분석으로 대칭이 되는 긍정적 방향성으로 향하도록 하는 쌍방향 체험을 통해 자연스럽게 교정 · 완화시키도록 한다.

둘째, 스토리텔링 기반 예술 콘텐츠를 활용해 다양한 선택의 기회를 만들어 내는 AI 텍스트 생성 기술로 자신이 직접 선택한 기회에 대한 과정과 책임 모두를 경험하도록 하여 실패와 성공 모두가 하나의 치유 과정임을 깨닫도록 한다.

셋째, 다양한 곤경이 있는 역할 수행 방식의 예술 체험을 AI 패턴으로 선사해 고통의 과정을 헤쳐 나온 후의 실재감 있는 성취를 느낄 수 있도록 한다.

넷째, 자신의 장점을 극대화한 과장된 표현으로 현실에서 시도할 수 없는 초현실주의적 데페이즈망(dépaysement) 예술 표현 기법 등을 AI로 제작하고 경험하여 기존과 다른 무의식 속에 해결 방식이 있음을 깨닫도록 한다.

다섯째, 다양한 시점 변환이 가능한 AI 아트세러피 콘텐츠로 자신을 대신하는 주체와 각 주체의 시점을 경험함으로써 현재의 나를 깨닫고 앞으로 나아갈 수 있는 정확한 위치와 방향성을 제공한다.

여섯째, 하나의 스토리에 여러 개의 랜덤 결말을 AI로 생성하여, 사용자가 선택에 따라 각기 다른 결말을 경험할 수 있도록 하는 아트세러피 콘텐츠를 제공한다. 이를 통해 사용자는 자신만의 이야기를 만들어 가는 듯한 몰입감을 느낄 수 있다.

일곱째, 각기 다른 규칙과 내용을 가진 퍼즐과 퀴즈를 AI로 생성시켜 사용자는 다양한 환경 속 집중력을 향상하고, 최신 트렌드를 반영한 미니 게임을 통해 이를 재미있게 학습하도록 한다. 게임 속에서 주어진 역할에 집중하며 퍼즐을 해결하는 과정은 사용자의 문제 해결 능력을 높여 자기 성찰의 기회를 제공한다.

이상의 일곱 가지 예술과 AI를 활용한 아트세러피 콘텐츠를 통해 개인의 심리적 취약점을 보완할 수 있는 내용들로 채워진 시나리오 기반의 형식과, 기존 체험으로는 할 수 없는 콘텐츠와, 각 콘텐츠에 해당하는 경험을 제공한다. '개인화된 AI'에 기반한 맞춤형 예술 체험 콘텐츠 생성과 체험을 진행한다면 더욱 유의미한 치유 효과를 기대할 수 있는 것이다. 다만 '개인화된 AI'는 현재의 기술력에서 개발 자체의 한계점이 존재한다. 하지만 빠른 속도로 발전하고 있는 AI 기술 덕분에, 개인에게 최적화된 AI 아트세러피 서비스가 현실화할 것으로 기대한다.

참고문헌

나무위키(2024). 미디어 아트.
https://namu.wiki/w/%EB%AF%B8%EB%94%94%EC%96%B4%20%EC%95%84%ED%8A%B8

이재박(2021). 『예술과 인공지능』. MID(엠아이디). 34-37쪽.

Benjamin, W.(1935). *Das kunstwerk im zeitalter seiner technischen reproduzierbarkeit*. Frankfurt am Main: Suhrkamp. 최성만 역(2007). 『기술복제시대의 예술작품/사진의 작은 역사 외』. 도서출판 길.

Botton, A. & Armstrong, J.(2018). *Art as therapy*. Phaidon Press. 김한영 역(2018). 『알랭 드 보통의 영혼의 미술관』. 문학동네. 57-59쪽.

Cane, F.(1983). *The artist in each of us.* Vermont: Art Therapy Publications. 김정은 역(2023). 『내 안의 아티스트』. 심산.

Gale, M.(1997), *Dada & Surrealism*, London: Phaidon Press. 오진경 역(2001). 『다다와 초현실주의』. 한길아트.

Wikipedia(2024). 앤디 워홀. https://ko.wikipedia.org/wiki/%EC%95%A4%EB%94%94_%EC%9B%8C%ED%99%80

Wikipedia(2024). 앨런 튜링. https://ko.wikipedia.org/wiki/%EC%95%A8%EB%9F%B0_%ED%8A%9C%EB%A7%81

02
AI와 예술 협업 아트세러피

AI 기반 이미지 · 영상 생성 및 편집 도구, 음악 생성 도구 등 저작도구를 활용하여 사용자가 수월하게 예술 작품에 접근하고 이를 통한 자기표현 방법을 도와 협업한다. 이와 같은 AI와 사용자의 협업이 다양한 연령층을 반영할 수 있는 효과적인 접근 방식으로 아트세러피 치유 콘텐츠를 적용한다.

AI와 MBTI?

이미지 생성 저작도구의 활용

인간의 감각기관 중 가장 큰 역할을 수행하는 것이 시각이며, 미술은 시각을 통해서 달성되는 예술 장르다. 인간은 외부로부터 수집하는 정보의 약 80% 정도를 시각에 의존한다고 알려져 있을 정도로 시각은 비중이 큰 감각이다. 이런 연유로 예술 전체에서 시각이 차지하는 비중이 절대적이고 시각과 관련한 예술 활동이 창의성 대부분을 차지하는 것이 당연한 일이다. 그리고 인공지능(Artificial Intelligence, AI)이 시각 정보 처리와 관련하여 처리할 수 있는 비중이 어디까지 적용 가능한가에 따라 예술 치료 전체의 치료 방향성과 효과가 좌우된다고 할 수 있다. 따라서 텍스트 기반의 인터페이스(Interface) 대신 시각적인 아바타를 통해 사용자와 소통하는 것이 디지털 예술 치료 플랫폼 진입의 첫 단계다. 특히 아바타는 나를 대신하여 사용자에게 더욱 친근하고 편안한 경험을 제공한다. 사용자 아바타는 객관적인 카메라 기술을 기반으로 한 다양한 기술과, 사용자의 주관적인 이미지를 반영한 생성 기술을 통해 만들어진다. 콘텐츠 몰입을 높이는 데에 아바타가 결정적인 역할을 한다는 점에서 아바타의 중요성을 간과할 수 없다. 고도화된 카메라 인식 기술을 기반으로 하는 인공지능은 촬영된 인물의 특징을 정확하게 파악하고 패턴화하여 정확한 이미지를 생성하는 우수한 성능을 보여 준다. 인물과 신체를 구현하는 주요 방향으로 사실체, 준사실체, 캐릭터(Character), 캐리커처(Caricature) 등 대상이 되는 얼굴 및 몸의 특징과 패턴을 분석하고 그래픽화해 새로운 '닮은 얼굴'을 생성(창조)해 낸다. 심지어 이를 각기 사용자의 다른 얼굴을 재생성할 때 단 하나도 겹치지 않는 '얼굴과 신체', '의상'을 무한대로 생성해 낼 수도 있다. 이미지 생성 특징 조합의 가능성을 고려할 때, 인공지능은 고도의 기술을 갖춘 예술가들의 창작 범위를 뛰어넘는 다양한 이미지를 생성할 수 있다는 점에서 압도적인 우위를 보인다. 이는 현재 수집될 수 있는 거의 모든 이미지 데이터 내의 이미지 패턴을 딥 러닝(Deep Learning) 기술을 활용해 사용자가 원하는 수없이 많은 사례에 대해 무한히 재조합을 통해 대응하는 것이기에 가능한 일이다. 예술 치료 분야에서 이미지 생성 도구는 개인의 창의성을 기반으로 한 아바타 생성을 대표적인 활용 사례로 제시했다. 그리고 이미지 생성 기술은 시각 예술과 미술 전반, 나아가 다른 예술 치료 분야에도 광범위하게 적용되고 융합되어 활용된다. 하지만 현재 기술 수준에서는 AI가 스스로 창의적인 작업을 수행하기보다는 주로 사람의 창작 활동을 돕는 보조적인 역할에 머물고 있다. 추후 발전된 이미지 생성 기술과 생성된 시각 결과물로서 창작 저작 방향성과 특히 예술 치료에 있어 상담자와 치료자가 AI를 활용하고 적용할 수 있을 것이다. 가까운 기간 내 이미지 생성 저작도구 활용의 적극적인 활용성으로 기존 미술을 활용한 예술 치료의 과정과 완전히 다른 차원의 진일보된 이미지 생성을 중심으로 한 예술 치료가 이뤄질 것이다.

음악 생성 저작도구의 활용

이미지 생성 도구로 대표되는 시각 · 예술 분야와 음악 생성 저작 분야의 인공지능 창작 프로세스가 크게 다를 것인가? 음악의 창의성과 혁신적인 부분을 흔히 기존과 '다름'과 '새로움'으로 생각한다. 인간이 고전음악부터 현재 그리고 빠른 패턴으로 유행하고 바뀌는 대중음악 장르까지 기존 예술가들이 이룬 업적을 학습 후 변형하는 방식을 취한다. 일정 학습 후 자신의 정체성을 유지하면서 자신의 것(패턴화)으로 예술성을 명명한다는 점에서 인간의 창의성(Human creativity)과 기계의 창의성(Computational creativity)이 크게 다르다고 할 수 없다. 음악이 인간에게 전달하는 감정의 즉시성은 단시간 내 완전히 몰입할 수 있는 다른 예술과 비교할 수 없는 강력한 예술의 전달 수단이다. 인공지능을 활용한 음악 저작도구 및 저작 결과물들의 [구글의 뮤직 트랜스포머(Music Tansformer), 오픈AI의 뮤즈넷(MuseNet)] 작업 원리는 인공지능 대상의 패턴을 인식 후 딥 러닝을 통한 인공 신경망(Artificial neural network)으로 재조합된 특이점을 가진 창작물로 만들어 낸다는 점에서 음악의 즉시성이 부각 되긴 하나, 거대 언어 모델의 글쓰기 학습 방식과 본질적으로 같은 프로세스를 갖고 있다. 시각 분야의 멀티모달과 유사하게, 음악 분야에서도 미디(MIDI) 외에 웨이브(WAVE) 파일과 같은 음파 데이터를 활용하여 특정 주파수나 음성까지 학습하는 것이 가능해짐에 따라 음악 생성의 범위가 확장되었다.

인공지능을 통한 음악 생성 저작도구로 손쉽게 만들 수 있는 음악 예술 분야의 결과물들을 예술가들이 활용하고 기존 창작 방식과 예술품에 대한 인식 자체를 바꿔야 한다는 점에서 상당한 혼란이 야기된다. 기존 대중음악에서 디지털화를 통해 논란이 되었던 디지털 샘플링(Digital Sampling)을 통한 음악 재생산의 범주를 아득히 벗어난 '창작 주체의 완전한 변화'와 그에 따른 '저작권의 영역'까지 창작의 한계점을 재정립해야 하는 상황이다. 특히 다른 예술에 비해 음악은 저작권의 대중 산업화가 이미 이뤄진 상황이기에 그 반향이 더욱 크게 나타난다. 더불어 음악 창작의 영역에 일반인까지 접근할 수 있다는 점에서 예술 치료 부분에서 주요 요소인 감정을 느끼는 음악 요소를 찾아낼 수 있게 되었다. 그리고 그 요소를 손쉽게 창작해 낼 수 있는 기술혁신은 기존의 음악 치료 분야에서 가창, 연주, 감상을 통해 생리적, 심리적, 사회적 반응을 유발하는 것과는 완전히 다른 치료적 효과와 반응을 끌어내는 과정이다. 특히 음악 저작도구를 활용한 예술 치료가 주목되는 이유는 분야별 카테고리 분류가 인공지능을 활용하면서 상당 부분 융합되고 결합되는 성격을 가진다는 점이다. 예술 치료 성격의 재정립이 요구되는 음악 생성 도구를 활용한 음악 예술의 결과물들은 다양한 심리적 안정성에 기여되는 바 대부분의 치료 과정에 공통 분모로 적용되고 있으며 추후 더욱 활발히 활용될 것으로 예상된다.

기타 예술 생성 저작도구의 활용

언어 모델을 기반으로 한 AI 생성 도구들이 이미지, 음악 등 다양한 콘텐츠 생성에 활용되면서, 예술 치료 분야에서 새로운 가능성을 열고 있다. 개인의 기억과 경험을 담은 사진을 중심으로 진행되던 사진 치료가 인공지능 기술과 결합하여 더욱 확장되었다. 이제 사진뿐만 아니라 음성, 영상, 텍스트를 활용한 쇼츠 콘텐츠를 제작할 수 있게 되면서, 창의적인 자기표현과 심리적 치유를 동시에 경험할 수 있게 되었다. 자동 자막 생성, 음성 인식, 텍스트 음성 변환 기술 등의 과정을 돕고 있다.

쇼츠(Shorts)는 짧음 속에 강렬한 인상과 자기감정 표현의 가장 트랜디(Trendy)한 Z세대와 알파 세대의 표현 양식으로 널리 사용되고 있다. 사용자(내담자)의 감성적 요소를 즉각 드러낼 수 있는 쇼츠는 밈(Meme)으로 발전되어 춤 · 동작을 중심으로 스타와 일반인이 직접 소통하는 문화의 유행과 전파를 형성한다. 밈은 파생 · 모방의 경향 또는 창의성으로 활용하는 행위 양상으로 발전되고 있다. AI 기반 생성 기술의 도입으로 밈과 쇼츠 콘텐츠 제작이 완전히 대중화되면서, 이는 사회 전반에 걸쳐 새로운 소통 방식으로 자리 잡았다. 특히 AI 보조 생성 기술을 도입시켜 빠르게 변화하는 유행을 쉽게 반영하고 간편한 자기표현 수단이 된 쇼츠와 밈은 CF, 방송, SNS 등 다양한 미디어 콘텐츠의 주요한 축으로 자리매김하고 있다.

위의 대표적 사례를 포함한 AI 기술의 발전은 예술 치료 분야에서 다양한 융합형 저작도구로 활용되고 있으며, 특히 10대부터 30대까지의 젊은 상담자들에게 필수적인 도구로 자리매김할 것으로 예상된다. 스마트폰에 내장된 소형 언어모델(SLM) AI를 활용하면 통역, 채팅, 사진 편집 등 다양한 기능을 통해 누구나 손쉽게 예술 치료 콘텐츠를 제작하고 접근할 수 있게 되었다. 쇼츠나 밈은 주로 젊은 세대의 문화로 인식되지만, 중장년 세대도 AI 기술의 발전 덕분에 누구나 전문가처럼 영상을 편집하고 더빙할 수 있는 환경이 조성되면서 세대 간의 디지털 격차가 줄어들게 된 것이다. 융합형 저작도구 기반의 창의적 콘텐츠는 예술 치료 분야에서 융합형 콘텐츠 활용이 더욱 확대되어야 함을 시사한다. 더불어 게임형 콘텐츠를 활용한 예술 치료 형태는 초기의 두세 가지 시각 · 영상 분야를 융합한 체험 형식이 대부분이었으나 현재는 시각/음악/미술/춤/문학/경제/심리 등 가상현실(Virtual Reality, VR)의 모든 분야를 통합한 가장 진일보한 예술 치료로 활용될 수 있다. 게임 형식의 융합 예술 치료 콘텐츠는 사용자가 상상할 수 있는 범주 이상 광범위하게 활용할 수 있는 플레이그라운드(Playground)를 제공하고 오히려 사용자(내담자)가 자신만의 이야기를 만들어 가는 형식으로 발전되고 있다. 개인에 최적화된 환경에서 현실과 매칭되는 행위와 보상 그리고 과정을 저장할 수 있다. 이를 개인의 광범위한 예술 활동과 연계하고 인공지능을 활용한 콘텐츠 생성, 행동, 분석, 피드백, 추천 등의 활동으로 예술 치료에 활용할 수 있게 된 것이다.

단순함으로 넓은 대상을 포용하다

우리가 일상적으로 사용하는 AI 프로그램들의 눈에 보이는 부분인 UI/UX 뒤에는 딥 러닝, 머신 러닝(Machine leaning), 인공 신경망 등의 다양한 기술들이 숨겨져 있다. 이러한 기술들은 AI 시스템의 백 엔드(Back end)에서 작동하며, AI가 학습하고 예측하고 생성하는 모든 과정을 가능하게 한다. 사용자는 복잡한 프로그래밍 언어가 아닌 직관적인 UI/UX를 누르고 어플케이션을 활용하는 단순하고(때에 따라선 복잡한 사용 규칙을 익혀야 하는 불편이 있지만 백 엔드 코드의 전문성과 복잡성에 비할 바는 아니다) 직관적인 활용에 집중되도록 개발되고 있다.

UI/UX를 개선하여 사용자 친화적인 인터페이스를 구축함으로써, 특정 연령대에 제한되지 않고 폭넓은 사용자층을 확보한다. 모두가 사용할 수 있는 범용성을 띤 상품·공공 애플리케이션 앱(Public Application App)들은 청소년에서 노인층까지 활용할 수 있도록 개발되고 있다. 폰트 크기, UI 디자인 등을 개인 설정하여 사용자가 편리하게 프로그램을 이용할 수 있도록 지원하기 때문이다. 특히, 진행 단계를 단순화하고 글로벌 표준 아이콘인 픽토그램(Pictogram)을 사용하여 언어와 문화적 배경에 관계없이 누구나 쉽게 프로그램을 이해하고 사용할 수 있도록 설계한다. 이러한 UI/UX는 예술 치료 디지털 콘텐츠 앱 · 프로그램에도 그대로 적용해 어린이부터 성인까지 예술 치료 콘텐츠를 사용함에 있어 불편함이 없도록 디자인되고 있다. 특히 인공지능이 활성화되기 전의 개발 환경에서는 언어와 관련한 분야에 많은 비용과 시간이 소요되었다. 하지만 인공지능이 특히 효과적으로 적용된 언어 분야에서는 자막, 더빙, 동시통역 등의 기능이 기본 탑재됨으로써 언어의 장벽과 문화권에 상관없이 콘텐츠를 쉽고, 저비용으로 빠르게 개발하고 사용할 수 있게 되었다.

최근 급격한 AI 개발 속도로 AI를 활용하는 직업군과 활용되지 않는 직군과 구성 인원들의 디지털 격차가 크게 벌어지고 있다. 이에 예술 치료 분야 역시 디지털 전환의 난이도와 적용 범위를 정하고 적용하기 어려운 현실에 직면하고 있다. 본 저술의 서문에서 다뤘듯 예술 치료 또는 예술 심리 치료 분야는 예술가로의 역량과 심리 상담가로서의 역량 모두를 갖추고 동시에 적용 예술의 범주 자체가 매우 크게 광범위하기 때문이다. 예술 저작 도구에 AI가 접목되면서, 예술 치료는 더 효과적이고 체계적으로 진행될 수 있게 되었다. 상담자와 치료자는 복잡한 기술 없이도 예술적 표현을 통해 내면을 탐색하고 치유하는 과정을 지원받을 수 있게 된 것이다.

예술 치료의 핵심 역할인 '창작을 통한 치유', '치료 관계 형성', '심리 구조 재정비'를 디지털 콘텐츠 애플리케이션으로 단순하고 간편하게 제공하여, 세대, 지역, 문화적 차이 없이 누구나 예술 치료를 경험할 수 있도록 해야 한다.

전문성과 창의성을 결합하다

예술 치료의 기본이 되는 예술에 대한 전문성은 기존 예술 치료사들의 오랜 수련 기간과 임상 경력을 토대로 축적된 것이다. 예술 치료의 대중화를 위해 디지털 전환이 필요하며, AI 기술은 이를 위한 강력한 도구가 될 수 있다. 하지만 AI가 모든 문제를 해결할 수 있는 것은 아니며, 인간의 창의성과 공감 능력이 여전히 중요한 역할을 한다는 점을 기억해야 한다.

인공지능을 활용한 예술의 가장 중요한 특성은 우선 기계(인공지능)와 인간 간의 상호 협업이다. 이것은 인터랙션(Interaction) 디지털 아트에서 자주 나타났던 작품과 관객 간의 센서에 의한 상호작용과는 사뭇 다르다. 이는 주로 전문성을 가진 작가들이 인공지능 프로그램이 내재된 기계 또는 프로그램과 함께 창작하는 방식이기 때문이다. 이 같은 작품을 진행했던 대표적 작가인 소그웬 청(Sougwen Chung)은 설치, 조각, 드로잉(Drawing), 퍼포먼스(Performance Art) 등의 작업을 인공지능이 탑재된 로봇과 함께 드로잉하는 퍼포먼스를 구현하는 유명 작가다. 작가는 인공지능의 불완전성에 대해 이렇게 언급한다. "나는 기계(인공지능)의 불완전성, 인간과 기계 모두의 불완전함이 상호작용하며 새로운 아름다움을 만든다고 생각합니다." 작가의 언급이 흥미로운 이유는, 우리가 흔히 인공지능에 대해 어떤 '완전함'을 상정하고 바라봄을 깨닫게 해 주기 때문이다. "인공지능은 근본적으로 가변적이고 수정할 수 있는 시스템이라, 사람의 작업을 필요로 합니다. 그것은 완전무결하지 않습니다." 이렇듯 디지털화된 예술 치료 콘텐츠의 활용 과정에서 사용자와 AI의 협업 과정은 예술 치료 과정에서 수없이 반복된 후 결과물에 대한 피드백을 수집하고 분석하고 재진행하며 최종 데이터 결과를 얻게 된다. 이 과정은 청작가가 언급한 바와 같이 상담사와 내담자 그리고 기계(인공지능)의 상호 불완전성을 인정하고 상호작용하면서 만들어 내는 새로운 창의성을 지닌 '예술 체험의 작품 결과물'의 아름다움을 통해 서로 소통하게 되는 것이라 할 수 있다. 그러한 AI와 상담자와의 협업은 불완전성 때문에 다음 작업을 통해 조금씩 심리적 · 심미적 치료점을 향해 나아가게 되는 것이다(최소영, 2022).

디지털 전환을 통해 이뤄져야 할 아트세러피에서 상담사와 내담자 간의 전문적인 예술 치료 임상 진행 절차의 8단계는 다음과 같다.

1) 의뢰 상담(의료 현장과 교육 현장 요청 또는 개인 상담 요청)
2) 초기 면담(문제, 증상 파악)
3) 진단 평가(치료 분야별 진단 도구 적용, 병력 및 현재 상태 파악)
4) 치료 계획(예술 치료 목표, 방법, 유형 기간, 도구 설정)
5) 치료 적용(치료 프로그램 과정, 문제점 및 결핍 요소 제거, 긍정 변화유도)
6) 치료 평가(목표 달성 여부, 사계 분석, 추후 방향 설정)

7) 치료 종결(목표 도달에 따른 치료 종결, 대처 능력 및 긍정 변화, 사회 복귀)

8) 슈퍼비전(사례 분석을 통한 치료 점검 및 결과 보고서 정리 등)

(김선명 · 김준형, 2021).

이상의 8단계를 자기 치유적 성격의 예술 치료 상담사 역할을 하는 AI 애플리케이션으로 제작해야만 디지털 전환을 통한 아트세러피가 치료 임상적 의미를 가질 수 있다. 이때 민감한 개인정보 유출 방지 및 모든 과정을 자기 주도형으로 시공간에 구애받지 않고 진행할 수 있도록 하는 것이 'AI 기반 통합형 예술 치료 플랫폼'의 기본 형식이다. 이를 위해서는 각 분야의 예술 치료와 관련한 기본 구성 요소와 특히 전문적인 임상 데이터가 가장 중요한 역할을 한다. 따라서 통합형 예술 치료 플랫폼을 위해서는 앱과 상품 개발에 앞서 공공성을 지닌 지역 기반 예술 치료 센터 등과 함께 치유 콘텐츠와 사례에 대한 데이터를 공유하는 작업이 반드시 동반되어야 한다.

참고문헌

김선명·김준형(2021). 『예술치료의 이론과 실제』. 계축문화사. 15쪽,

75-90쪽.
이재박(2021). 『예술과 인공지능』. MID(엠아이디). 101-103쪽, 138-143쪽.
주리애 외(2021). 『미술치료사 11인의 정신장애별 미술치료』. 학지사.
최소영(2022). 포스트 디지털 시대의 인공지능예술 연구, ≪미학예술학연구≫, 67. 188-214쪽.
Ball, M.(2022). The metaverse: and how it will revolutionize everything. Liveright publishing corporation. 송이루 역(2023). 『메타버스 모든 것의 혁명』. 다산북스.
Chung, S.(2019.9). *Why I draw with robots* [Video]. TED conferences. https://www.ted.com/talks/sougwen_chung_why_i_draw_with_robots
Southern, T.(2017.8.22). *Break free - The first AI-composed pop song | Lyrics by taryn southern* [Video]. YouTube. https://www.youtube.com/watch?v=XUs6CznN8pw

03
AI와 예술 융합을 통한 몰입형 아트세러피

가상현실을 포함한 메타버스 내 멀티 플랫폼 아트세러피 환경을 구축 후 가상공간에서 자유로운 예술 행위를 통해 얻을 수 있는 창의적 미션으로 세상을 탐험한다. 동시에 AI 기반 챗봇(조력자)과 자유 · 특정 대화로 도움을 받고 친밀도를 높이는 몰입형 경험을 통해 심리적 안정감을 얻는 아트세러피를 구현할 수 있다.

AI와 난임 극복?

예술 치료 플랫폼이란?

예술 치료 플랫폼은 AI 기반 통합 애플리케이션 개발과 8단계 임상 절차 수행이라는 두 가지 조건을 충족해야 치료적 효과에 가까워질 수 있다. 이와 같은 복잡한 절차와 임상 시스템을 위해서는 메타버스 서비스 또는 가상 융합 현실 기반의 플랫폼 구축을 통해 비로소 실질적인 예술 치료가 가능해진다고 할 수 있다. 다양한 콘텐츠가 내포된 예술 치료 임상 진행 단계의 상담을 위한 상담사와 사용자 간의 아바타를 통한 면담, 진단 평가지를 통한 치유 콘텐츠 결정 및 치료 계획 수립이 초기 진행의 필수 사항이다. 그리고 실제 각 치료 계획에 맞는 치료 활동 및 결과물 그리고 분석, 마지막으로 치료 종결과 치료 점검까지 이뤄지는 일련의 상호작용은 단순 애플리케이션으로 접근 시에는 추후 새로운 환경과 치료 체험을 추가 개발해야 한다. 따라서 메타버스 플랫폼 개발에서도 단순 기본 체험 적용뿐만이 아닌 많은 콘텐츠를 수용할 수 있는 통합 플랫폼의 성격으로 개발되어야 한다. 이러한 플랫폼을 유지하고 수행하기 위한 메타버스 플랫폼 구축의 핵심은 다음의 대표적 다섯 가지 기술을 내포해야 한다. 첫째, 3D환경 구축 기술, 둘째, 아바타 생성 기술, 셋째, 객체 제어 기술, 넷째, 다중 기기 접속 기술, 다섯째, 클라우드 기반 서버 및 네트워크 연동 기술이다.

우선 예술 치료 통합 플랫폼에 진입하게 되면 사용자가 접속 후 자신의 기본 정보를 입력하고 예술 치료 활동을 하는 주체가 되는 아바타(3인칭 시점)를 지정하게 된다(또는 1인칭 시점을 통한 간략한 형식의 접속도 가능하다). 이렇듯 예술 치료 통합 플랫폼은 현실 기반의 게임 시뮬레이션 게임과 유사한 형태의 초기 접속 환경으로 구성된다. 이는 초기 사용자층이라 할 수 있는 10~30대 층에 익숙한 RPG(Roll Playing Game: 자신의 플레이 캐릭터를 통해 다양한 역할을 하는 참가자들과 서로 협력하여 목표를 달성하는 방식) 게임 형식으로 사용자(내담자)의 초기 진입 장벽을 없앨 수 있다. 예술 치료 콘텐츠는 단계별로 재미와 보상을 제공하여 참여자의 몰입도를 높이고, 다음 단계에 대한 기대감을 유발해야 한다. 또한, 교육과 상담을 융합한 게임화된 경험을 통해 상담자와 내담자 간의 상호작용을 활성화하고, 예술 치유 메타버스 환경에서 적극적인 참여를 유도해야 한다. 이처럼 AI 기반 예술 치료 플랫폼 예술 치료 과정은 상담·예술 체험, 내담자의 무의식과 생각을 정확히 표현한 예술 체험 결과물, 단계별 체험에 대한 피드백과 결과분석, 개인별 맞춤 추천 서비스를 더한 통합 설루션

(solution) 체계를 제공해야 한다.

보상에 기초한 미션형 예술 치료

사용자가 체험하게 되는 AI 기반 플랫폼 및 게이미피케이션이 적용된 흥미 · 재미 · 보상 그리고 치료를 위한 가장 핵심 요소인 미션형 예술 치료는 개인 맞춤형 미션을 생성하는 방향성으로 구성된다. 기존의 미션형 콘텐츠의 스토리텔링은 시나리오 기반 멀티 종료 형식의 다양성으로 흥미와 복잡성을 추가하여 개인의 선택 영역과 결과에 대한 면을 부각했다. 하지만 AI 기반 개인 맞춤형 미션 개발은 개인 상담 이력과 척도 조사를 통해 획득한 정보를 AI로 분석하고 그에 따른 적합도 점수가 높은 예술 치료 분야의 콘텐츠를 추천 · 결정하도록 한다. 사용자의 특성을 고려하여 맞춤형 난이도의 치유 콘텐츠와 미션을 제공함으로써, 기존의 스토리 중심 방식에서 벗어나 새로운 치유 경험을 전달한다. 하지만 완전한 개인화를 위한 인공지능(Artificial Intelligence, AI) 기술이 아직 성숙하지 않아, 사용자에게 맞춤형 치료 콘텐츠를 제공하기 위해서는 실제 상담사의 전문성이 필요한 부분이 있다. 따라서 현재는 상담사(실제 상담사)가 아바타를 통해 사용자와의 상호작용을 지원하고, 필요한 정보와 콘텐츠를 추천하는 방식으로 운영되는 방향성도 고려해야 한다.

'개인화 정보에 기초한 단계별 미션 수행'은 보다 정확한 예술 체험 결과물을 획득하게 되며, 실행 후 그다음 미션의 레벨링(Leveling)은 AI 프로그램으로 예술 치유 효과를 높일 수 있는 적절한 수준으로 제공하게 된다. 동시에 사용자의 참여 동기 · 재미 · 결과를 얻어 내고 이를 동시에 분석하는 과정이 덧붙여져 다음 단계의 적절한 준비와 실행을 보여 준다.

보상 기반 미션형 통합 예술 치료는 다양한 질환에 적용될 수 있지만, 미술 치료만 해도 색깔 종류만큼이나 다양한 치료 기법이 존재한다. 플랫폼 메타버스의 핵심 기술인 3D 환경 구축에는 생성형 3D를 활용할 수 있지만, 현실적인 개발 환경의 제약으로 인해 모든 물리 요소와 애니메이션을 구현하는 수준까지는 해결하기는 어렵다. 프런트 엔드(Front End) 개발 및 모델링(Modeling) 개발 인력, 개발 비용 증가를 극복할 수 있는 가장 합리적 방법으로 다음과 같은 방식을 제안한다.

첫째, 여러 예술 치료 플랫폼의 배경이 될 수 있으면서 범용적 공간으로 구성될 수 있는 각 환경 세부 요소들을 모듈(Module)화 패턴으로 개발 등록 후 세부 데이터를 대입시킨 AI를 활용해 패턴을 재조합하는 알고리즘을 적용하는 것이다. [예전 2D 비트맵(Bitmap) 패턴의 모듈 제작법을 AI 3D 환경 조성 방식에 도입하는 방식], 둘째, 각 병증에 따른 예술 치료 콘텐츠에 공통적인 레벨(난이도) 조절 방식과 개인 병증 데이터를 조합한다. 마지막으로, 통합 AI 시스템을 부분 대입하면서 동시에 주요 병증의 조합을 만들어 그에 맞는 환경 조성 및 예술 치유 게임 요소를 공통으로 활용하는 것이다. 주요 병증의 조합으로는 우울 장애 · 불안 장애, 중독 장애군 통합, 신경 발달 장애군 등에 활용하며 특히 디지털 플랫폼의 특성을 반영해 중증 장애보다는 우울-불안-스트레스-수면 등의 가벼운 장애와 알코올-카페인-니코틴 중독 초기 예방에 초점을 맞추도록 하는 것이 더욱 효과를 나타낼 방법이다.

조력자 개념의 챗봇 예술 치료

사용자는 RPG 게임처럼 아바타와 상담사가 함께 AI 데이터 분석 미션을 수행하며, 예술 치료 콘텐츠를 경험하는 긴 여정을 시작한다. 이러한 광대한 플랫폼에서 사용자가 미션을 수행하기 위해서는 복잡한 상황 속에서 방향을 제시하고 조언을 해 주는 조력자와 다양한 미션을 제공하는 NPC(Non Player Character)가 필요하다.

통합 플랫폼 예술 치료 시스템에 최적화된 조력자와 NPC에 인공지능을 삽입하는 형식이 사용성 입장에서 적합한 형태라 할 수 있다. 따라서 엔씨소프트를 비롯한 국내·외 주요 게임 제작사들이 유사한 개발을 현재 진행하고 있다.

게임 속 배경에 머물렀던 NPC가 인공지능과 만나 이제는 유저들과 상호작용이 가능한 조력자자 경쟁자로서 살아 숨 쉬는 듯한 캐릭터로 진화한다. 기존 NPC가 일방향적인 챗봇처럼 유저를 가이드하는 수준에 머물렀다면, 앞으로 나올 AI NPC는 실시간으로 유저의 감정과 행동 패턴 등 다양한 정보를 이해하고 대화까지 가능한 역할로 강화될 것이다(고민서, 2024).

유사 사례로 인천광역시에서 진행한 메타버스 플랫폼을 활용한 AI 기반 멘탈 케어 서비스 구현에서(2023~2024년 (주)크렌진 개발, 저자 참여) 실제 적용한 AI 조력 시스템의 방향성은 치료의 개념보다는 예방과 멘탈 케어에 집중했다. 사용자는 아바타를 꾸미고 다양한 공간과 힐링 콘텐츠를 구성하고 메타버스 내 힐링 공간을 돌아다니며 미션을 수행하고 보상으로 얻게 되는 재화 시스템으로 아바타와 조력자 꾸미기를 진행할 수 있도록 하였다. AI 기반 시스템에 주목하여 개발한 기능이 조력자 인공지능 챗봇 구현이다. 사용자는 멘탈 케어를 할 수 있는 다양한 공간을 유영하면서 언제 어디서든 나의 캐릭터를 따라다니며 조언해 주는 조력자를 소환하고 다국적 음성 대화 · 채팅을 진행할 수 있다.

저자의 실제 사례와 같이 조력자의 챗봇을 예술 치료(멘탈 케어) 시스템에 도입하게 되면 이를 병증을 예방하기 위한 기본 설문과 척도 기본 조사에 활용할 수 있는 자연스런 시스템으로 활용할 수 있는 것이다. 또한 조력자 외에 NPC와 주요 병증 완화 방법과 치료 콘텐츠 실습 활용 방식과 난이도 등에 관한 대화가 가능해지게 한다면, 내담자가 깊은 신뢰도로 다양한 상호 소통으로 몰입도 · 재미와 치료 효과를 높이는 중요한 방식으로 적용할 수 있을 것이다.

몰입형 아트세러피 실감 콘텐츠

몰입형 아트세러피를 만들 수 있는 기술적 요소와 더 몰입될 수 있는 환경을 적용하기 위한 방법으로 예상하기 힘든 또는 사용자의 취향을 분석하여 적용해 줄 수 있는 개인 맞춤형 AI 분석 시스템과 방식은 무엇이 있을까?

사용자와 치유 콘텐츠를 체험하는 동안 함께하는 AI

기반 조력자 시스템과 NPC를 활용한 몰입감과 재미 요소를 도입한 부분에 대해서는 전장에서 소개하였다. 그렇다면 아트세러피에 집중하게 하는 주요한 기술적 요소는 바로 시각적 몰입형 '실감형 콘텐츠'라 할 수 있다. 실감형 콘텐츠는 실사형 또는 실사에 가까운 그래픽적 요소를 대부분 중시하지만, 더 중요한 지점은 해상도와 실사에 가까운 부분만이 아닌 '현실적인 물리적 요소 개입'과 치료 콘텐츠 내 '적합한 환경 조성 기술'과 '콘텐츠에 적합한 캐릭터 구현 기술'이 적용되어야 함을 말한다. 정신 질환 치료를 위한 몰입형 경험을 제공하기 위해서는 사용자가 예술적 창의력을 발휘할 수 있는 환경이 중요하다. 다양한 정신 질환에 효과적인 심리적 요소를 고려하여 다음과 같은 세 가지 몰입형 공간 구현 요소를 제안할 수 있다. 첫째, 자연을 담은 평화로운 다양한 공간들, 둘째, 안전한 정원이나 동물원과 같은 제한된 공간이지만 힐링 목적이 강한 방향성 공간, 셋째, 개인에게 맞춤화된(추억 · 설문을 통해 전달된) 편안한 공간이다. 이러한 공간들은 모두 힐링과 치료를 위한 범용 공간이라는 공통적인 특징을 가지고 있다.

이상의 특징적인 세 가지 공간 콘텐츠에 몰입형 요소를 즉각 추가할 수 있는 기술 구현 방식이 바로 가상현실

(Virtual Reality, VR) [또는 확장 현실(Extended Reality, XR)]이다. 가상현실은 사용자가 체험 시 일반 모니터용 180도 이내의 시야각 디스플레이 방식과 달리 360도 시야각으로 전후좌우 디스플레이와 3D입체 음향을 더해 압도적 몰입감으로 '보는 방식'에서 '체험하는 방식'으로 바로 전환됨을 느낄 수 있다. [확장 현실의 경우 증강 현실(Augmented Reality, AR)을 혼합하기도 한다] 현재, 하드웨어의 기술력 확보로 점차 경량화되고, 고해상도의 디스플레이로 업그레이드되고 있으나 여전히 HMD(Head Mounted Display)는 착용의 불편함과 멀미 현상이 남아 있다. 하지만 단점을 넘어선 압도적인 '몰입감'을 준다는 점에선 현재까지는 다른 하드웨어로 대체하기는 힘든 상태다. 최근 가상현실의 단점(착용의 불편함)을 극복하는 전시 형태 중 하나가 사면 투사 방식 및 입체음향을 활용한 몰입형 전시(Immersive Experience Exhibition)다. 몰입형 전시는 상당한 효과를 나타내지만, 아직도 가상현실의 몰입감에 비해 부족한 면을 보인다(다수의 체험자들이 동시에 관람하고 피드백을 공유하는 장점으로 국내외에서 큰 상업적 성공을 거두고 있다). 따라서 예술 체험을 통한 치료 효과를 위해서는 가상현실을 적용한 콘텐츠가 상당 부분 필요하다. 하지만

일반인들이 가상현실 하드웨어를 구매하는 비율이 높지 않기 때문에 사용자 중심의 간단하고 간편한 접속 환경을 위해 가상현실 · PC · 모바일(Mobile)을 모두 적용하고 체험할 수 있는 멀티 플랫폼 시스템 제공이 필요하다. 예술 치료 플랫폼은 멀티 플랫폼 네트워크 라이브 시스템을 기반으로 클라우드 환경에서 운영되어야 한다. 이를 통해 다수의 사용자가 동시에 접속하여 집단 치료, 상담 치료 등 다양한 예술 치료 프로그램에 참여할 수 있으며, 사용자 친화적인 인터페이스를 통해 편리하게 서비스를 이용할 수 있다.

참고문헌

고민서(2024.9.22). "인공지능 캐릭터로 게임 몰입도 끌어올릴 것". ≪매일경제≫. https://www.mk.co.kr/news/it/11121773

주리애 외(2021). 『미술치료사 11인의 정신장애별 미술치료』. 학지사. 27-42쪽.

Cornel Hilmann(2021). *UX for XR: User experience design and strategies for immersive technologies*. Apress. 주원 테일러 역(2022). 『메타버스를 디자인하라』. 한빛미디어.

04
AI 기반 자기 보고형 심리검사

전통적 심리검사에서 객관성을 높이기 위해서 가장 중요한 요소는 표준화된 검사와 일관된 검사 환경 그리고 충분히 훈련받은 평가자의 전문성이다. 과학기술의 발전은 심리검사의 형태와 전달 방식을 변화시켜 집단으로 온라인 플랫폼을 통해 심리검사를 진행할 수 있고, 이메일 또는 실시간으로 결과를 받아볼 수 있다. 또한, 심리검사 결과의 객관성을 더욱 높이기 위해 다양한 생체 측정 기술도 함께 사용되고 있다. 최근 급속도로 발전하는 AI 기술이 심리검사에서 과연 어떤 역할을 할 수 있을지 탐구하고자 한다.

AI와 사주?

자녀의 성장에서 가정교육이 중요한 것을 모르는 사람은 없다. 아이는 가정교육을 통해 감정 조절, 규칙, 역할, 삶의 목표, 대인 관계, 가치관 정립 등을 학습하고 형성한다. 문제가 되는 것은 아이가 무관심하고 무책임한 부모로부터 방치된 상태에서 건강, 교육, 정서적으로 위험한 상황에 노출되어 방임된 상태로 어른이 되는 경우다. 정신 건강은 소중한 사람들로부터 정서적 지지와 개인의 능력을 인정받을 때 삶의 의미를 탐색하며 지키게 되는 것이지 어려운 일을 참고 견딘다고 지켜지는 것이 아니다.

정신 질환의 주요 원인은 세 가지로 본다. 가족 중 정신 질환이 있어서 걱정하는 유전적 요인, 불안정한 성장 과정이 원인이 되는 환경적 요인, 정신 질환자를 위험한 사람이라고 낙인을 찍는 사회 문화적 요인이다. 이 중 어느 하나가 정신 질환의 주요 원인이 된다고 할 수 없고 심리적으로 취약해진 상태에서 부정적인 상황이 복합적으로 작용할 때 정신 질환 발병률을 높이는 것이다. 강조하고 싶은 것은 조기 발견 그리고 발병 이후 치료 시기를 미루지 않아야 긍정적인 변화를 기대할 수 있다는 점이다.

심리검사

우리가 알고 있는 심리검사 형태로는 자기 보고 검사, 투사 검사, 전문가 면담이 있다. 현재는 과학기술 발달로 심박수, 뇌파, 피부 전기 활동 등의 생체 신호 검사가 개발되어 전통적 심리검사 내용과 결합하여 개인에 대하여 좀 더 객관적으로 평가하는 것이 가능하며, 잠재적인 위험 요인이 있는지 살피기 위해 종합 심리검사(full battery)를 할 수 있다. 대상별로 증상에 따라 필요한 검사를 할 수 있으며 아동 · 청소년의 경우 웩슬러 지능검사, 기질 및 성격검사, 정서/행동 평가 검사, 정밀 주의 집중력 검사, 다면적 인성 검사, 문장완성검사, 그림 검사, 벤더 게슈탈트 검사 등이 포함되어 있다. 검사 시간은 보통 서너 시간 정도 소요되며, 전통적 방식의 심리검사는 검사 과정에서 비언어적 표현을 관찰할 수 있고, 심층적 대화가 가능하다. 그러나 하루에 한 명의 검사자가 검사할 수 있는 인원은 고작 두세 명에 불과하다. 이는 국민의 정신 건강을 효과적으로 관리하기에는 인적 · 물적 인프라가 절대적으로 부족하다는 것을 의미한다. 이제는 심리 평가 도구의 디지털 전환이 필수적이다.

예방적 차원에서의 보편적 정신 건강 서비스가 AI 기반 심리검사를 시작으로 지속적인 모니터링이 된다면 조기 진단과 예방적 관리에 효과적으로 사용될 수 있다. 특히 사회적 낙인에 대한 불편감과 시간과 장소로부터의 접근성을 획기적으로 개선하는 데 기여하게 된다. 또한 빠르게 관찰이 필요한 경계선 지능, 지적장애, ADHD 그리고 누구나 피해 가고 싶은 치매를 조기 발견 할 수 있다. 치료 시기를 최대한 앞당기는 것은 2차 문제가 될 수 있는 우울 장애, 무기력감, 공격성 등을 예방할 수 있으며 가정 경제의 부담도 줄이게 된다.

정신 건강 고위험 국가

낮은 행복 지수와 높은 불안, 스트레스를 느끼면서도 '시간이 지나면 괜찮아질 것'이라는 안일한 인식이 대한민국의 정신 건강 문제를 악화시켰다. 여기에 부실한 사회안전망까지 더해져 상황은 더욱 심각해졌다. 2020년 질병관리청 온라인 청소년 건강 형태 조사에 따르면 전국의 중 · 고교 800곳에 재학 중인 청소년 5만 4948명 중 11.2% 즉, 아홉 명 중 한 명이 범불안 장애 고위험 그룹에 속했다. 범불안 장애는 일상적인 걱정이 통제 불가능한 상태로 피로감이나 집중력 저하, 신경과민, 수면 문제 등 다양한 증상으로 나타난다. 이어 2024년 국립정신건강센터가 15세에서 69세 국민 3천 명을 대상으로 진행한 조사에서 1년간 정신 건강 문제를 겪었다고 답한 비율은 73.6%로, 2년 전 같은 조사(63.8%)와 비교해 10%가량 증가했다. 국민 10명 중 일곱 명이 정신 건강 문제를 경험했다는 결과다. 그러나 정신 건강 서비스를 이용하지 않은 이유(복수 응답)로는 ▲아직 서비스받을 정도는 아닌 것 같음(소아 60.1%, 청소년 60.0%) ▲시간이 지나면 저절로 문제가 해결될 것 같음(소아 43.4%, 청소년 52.8%) ▲전문 기관 이용에 대한 부정적 인식(소아 29.2%, 청소년 47.6%) ▲타인의 시선에 대한 걱정(소아 35.7%, 청소년 42.8%) 등을 꼽았다. 그러나 '약 93만 건 이상의 정신과 약물 처방이 아동에게 이루어졌으며 항정신과 약물은 약 35만 건으로 제일 많았다'고 한다. 정신 건강 서비스 중에서도 보험 기록에 남게 되는 정신건강의학과 진료와 약 처방은 부모 입장에서 가장 주저하는 선택이고, 아직 서비스를 받을 정도는 아니라고 응답한 비율이 가장 높은데도 불구하고 93만 건이 넘는 약 처방은 아직 극히 일부분이겠구나 라는 생각이 든다. 동시에 분명한 것은 이 조사 결과가 가정과 학교에서 아이들의 정서 · 행동 관찰을 통한 초기 관리가 이루어지고 있지 않다는 사실을 뒷받침해 준 결과로 보인다는 것이다.

인간과 기술의 협력

언제일지 모르지만 가까운 미래에 AI는 사용자의 성별과 연령, 기타 개인적 특성을 학습하고 각종 센서, 음성 인식 및 카메라 등의 데이터 수집 장치를 통해 심박수나 활동량 측정, 대화 내용을 분석하고 패턴화하여 조기 발견이 필요한 정신적 문제를 예측하고, 보다 선제 개입을 가능하게 할 설루션(solution)을 제공할 것이다. 또한 일상적 생체 신호와 언어 사용 모니터링으로 자폐 스펙트럼 장애, 경계선 지능, 학습 장애 등 특정 질환의 초기 발견을 가능하게 할 것이다. 조기 발견의 필요성이 큰 경우 중 하나로, 경계선 지능인을 예로 들 수 있다.

경계선 지능인의 지능지수(IQ)는 71~84구간으로 전체 국민의 약 15.59%로 일곱 명 중 한 명이 범주에 속한다고 추정한다. 이들은 높은 수준의 추론이 어렵고, 상황적 맥락을 이해하는 데 어려움을 겪기 때문에 사회적 의사소통에서 취약점이 드러나고 장애와 비장애 사이에서 사회적 대처 능력이 떨어지기 때문에 범죄에 노출되어 있다. 범죄 피해자가 되기 쉬운 이유 중 하나는 피해 사실을 구체적으로 설명하지 못하는 의사소통의 한계로 보고 있다. 최근 경계선 지능인에 대한 개인적 관심으로 알게 된 사실로 경계선 지능 여성이 양육자로서 아이를 돌보는 경우가 꽤 존재하지만, 양육자와 자녀에 대하여 지능 검사 권유가 어렵고 검사를 해서 경계선 지능인이라는 것을 확인한 후에도 현실적으로 양육을 도울 수 있는 인적 물적 인프라가 준비되어 있지 않다는 것이다. 사실상 방치된 상태로 봐도 무관하다. 경계선 지능 양육자는 기억력이나 정보 처리 능력이 제한되기 때문에, 아이에게 필요한 기본 양육 지침에 대한 반복적이고 일상적인 안내가 필요하다.

AI 기반 맞춤형 설루션은 아이의 연령에 따른 발달 과제와 양육자로서 필수적인 기초 지식을 학습한 후, 경계선 지능을 가진 양육자가 일상적인 양육 활동(식사, 목욕, 취침, 연령별 긍정적 자극을 주는 놀이 등)을 적절한 시기에 수행할 수 있도록 구체적인 지침을 제공하고, 수행에 따른 칭찬과 보상, 긍정적인 피드백을 충분히 제공할 수 있다. AI 기반 맞춤형 설루션의 강점은 경계선 지능을 가진 양육자에게 개인화된 가이드를 제공하고 지속적인 인지 자극을 지원함으로써 인지 기능 저하를 예방하는 데 있다. 나아가, 장기적으로는 일상생활에서의 자기 역할을 확장하고 수행 역량을 강화할 수 있다는 것이다.

AI 기반 심리검사의 필요성

정신 건강은 인간으로서 마땅히 누려야 할 기본적인 권리이지만 2022년 세계보건기구(W.H.O)의 보고서에 따르면 전 세계 인구 중 약 10억 명, 즉 여덟 명 중 한 명 정도가 정신 건강 문제를 경험하고 있고, 특히 젊은 층과 소득 수준이 낮은 지역에서 정신적 어려움을 겪는 경우가 늘어나고 있다고 보고했다. 덧붙여 정신 건강 관리가 전 세계적으로 우선순위가 되어야 하며, 특히 조기 개입과 예방을 위한 접근이 필요하다고 강조했는데 전통적 방식의 심리검사는 시간, 장소, 비용 부담으로 대규모 인원 대상으로는 적합하지 않다. 그러나 AI 기반 심리검사는 국가 차원의 전체 국민의 익명성을 보장하며 검사 결과의 자동 처리로 신속하게 평가할 수 있어서 시간과 비용이 절감되며, 조기 개입이 필요한 정신 질환자는 인권을 배려할 수 있고, 건강한 사람은 정신 건강 증진을 독려하는 것으로 가능하다.

AI 기반 심리검사가 나아갈 방향

AI 기반 심리검사의 목표는 정확한 진단이지만 현재는 기존의 심리검사 데이터 수집과 학습을 고도화하여 기술력과 실증의 조합으로 신뢰도를 높이는 것이 핵심이다. 대규모 검사 결과를 신뢰할 수 있는 수준으로 제공하기 위해서는 다양한 요인이 해결되어야 한다. 예를 들어 경계선 지능인과 치매 환자를 조기 발견하기 위해서는 지능, 기억력, 주의력, 언어능력, 단기 기억, 문제 해결 능력 등으로 다각적인 평가를 해야 한다. 정확하게 파악하려면 언어적 표현에서 맥락을 파악하고 웹캠이나 생채 측정 결과를 합해서 대면 검사 결과와 일치하는지 분석하고, 완벽한 검사 결과를 도출하기 위해서 다양한 연령대, 성별, 문화적 배경, 심리 상태 등을 아우르는 포괄적인 데이터를 수집하고, 노이즈나 오류를 제거하여 정확한 정보만을 남기는 데이터 정제를 수행해야 한다. 마지막으로 최신 데이터를 지속적으로 반영하여 AI 모델이 최신 경향을 반영할 수 있도록 하여 한 번의 검사로 끝나는 것이 아닌 변화를 추적할 수 있는 모니터링이 되어야 하며, 이때 개인의 심리 정보는 매우 민감한 데이터이므로 데이터 수집과 관리 과정에서 보안과 개인정보 보호 수준을 철저히 준수해야 한다.

정서적 대물림의 폐해

대부분의 국가가 과거 어느 때보다 더 풍요로워졌음에도, 사회는 여전히 과도한 경쟁을 조장하고 있다. 누구나 정신 건강을 지키는 방법을 알고 있지만, 비합리적인 경쟁 구조에서 벗어날 용기를 내는 사람은 많지 않다. 세상은 더 이상 부족함이 없게 풍요로워졌지만, 삶의 방식은 여전히 과거의 결핍에 뿌리를 두고 있기 때문이다. 또한 가난했던 시대의 생존 본능과 불안이 그대로 이어지면서, 미래 세대는 상대적 빈곤감 속에서 성공에 과몰입한 상태고 살고 있다. 정신 건강이 최우선이 되는 사회가 될 때 개인은 사회 안전망을 구축하기 위해 노력할 수 있고, 후세대에게 윤리, 인권, 환경의 가치를 실천할 수 있도록 이끌 수 있을 것이다. 기술이 발전하는 속도만큼 함께 살기에 보다 적당한 사회가 되는 노력을 해 주기를 바라는 마음이다.

참고문헌

이한결(2024.7.1.). 누구를 위한 정신건강정책 혁신위원회인가?. ≪한국장애인신문≫. https://www.koreadisablednews.com/news/articleView.html?idxno=20091

임태균(2024.5.3.). 우리 아이들 어쩌나…韓 소아·청소년 16% 정신장애 경험. ≪농민신문≫. https://www.nongmin.com/article/20240502500290

장진숙(2022.2.18.). 청소년 9명 중 1명 '범불안장애 고위험군'…최근 4년 지속 증가. ≪데이터솜≫.

https://www.datasom.co.kr/news/articleView.html?idxno
=121075

05

AI 생성 콘텐츠를 활용한 아트세러피

"AI 생성 콘텐츠를 활용한 아트세러피"는 디지털 환경에서 생성 AI가 예술 치료 도구로 활용되어, 인간의 감정과 내면을 반영한 이미지, 음악, 문학 작품을 만들어 내는 혁신적인 접근법이다. 또한 생성된 콘텐츠를 메타버스 기반의 익명 전시로 기획하여 아트세러피의 가능성을 더욱 확장하는 것은, 기술을 활용한 의미 있는 시도로 자리 잡을 수 있을 것이다.

AI와 아이돌?

2013년 영화 〈그녀〉를 통해 인공지능(Artificial Intelligence, AI)의 가능성을 엿보았고, 2016년에는 인간 대 인공지능 바둑 대결에서 세계 최상위급 프로 기사 이세돌과 AI 바둑 프로그램 알파고의 대결로 전 세계가 대한민국과 인공지능을 주목했었다. 2022년, 챗지피티(Chat GPT)가 등장하면서 당시 "챗지피티 써봤어?"라는 질문이 인사처럼 오갔고, 많은 사람들이 새로운 기술에 열광하며 AI와의 상호작용을 경험했다. 너도나도 챗지피티를 활용해 보고 학습시키며 급격한 변화에 놀라움을 감추지 못했다. 그로부터 2년이 지난 지금, 감성형 AI 챗봇이 인간과 감정적으로 교류하는 수준에 이르렀다. 한편, 2023년 일론 머스크, 스티브 워즈니악, 앤드루 양 등 약 1천 명에 달하는 기술 리더들이 인공지능의 무분별한 발전을 우려하며, 최소 6개월간 AI 개발을 중단할 것을 촉구하는 공개 서명에 동참하기도 했다. 그리고 올해 2024년 노벨 물리학상은 존 홉필드 프린스턴대 교수와 제프리 힌턴 토론토대 교수에게 수여되었고, 노벨 화학상은 데이비드 베이커 워싱턴대 교수가 선정되었다. 이는 AI가 단순한 도구를 넘어 혁신의 핵심 동력이 되었음을 보여 주는 결과다. 그러나 AI의 잠재력과 파괴력을 예측할 수 없는 기술 발전 속도에 비해 부작용과 제도적 대응 방안은 미흡한 실정이다. AI가 인간 중심적 가치를 존중하며 지속 가능한 방향으로 발전하기 위해서는 개발자들의 윤리의식을 강화하는 동시에 AI가 인간의 삶에 미치는 영향을 다각도로 검토하고, 합리적인 규제 및 정책 수립을 위한 사회적 합의를 도출하고 논의하는 과정이 병행되어야 한다.

세상을 움직이는 상상력

과학, 예술, 세러피는 엄연히 다른 영역이지만 각각의 경계에서 만나서 경계를 넓히며 생각지도 못했던 신업이 창출되고 소비되고 있다. 인터랙티브 아트 전시회, 인공지능 기반 예술 창작, 증강 현실(Augmented Reality, AR)/가상현실(Virtual Reality, VR) 기반 공연과 갤러리, 디지털 치료제 외에도 정신 건강 분야 역시 상상력이 곧 기회고 경쟁력인 혁신적인 시대를 살고 있다. 생성 AI 기술이 표현해 주는 내담자의 내면은 기존의 아트세러피 방식에 어떠한 변화를 맞이하게 할지 흥미롭다.

아트세러피는 다양한 매체와 기법을 활용하여 자아를 탐색하는 과정에서 억압된 감정을 표출하고 분리된 자아를 통합함으로써 궁극적으로 심리적 회복으로 이어지는 것이 목적이다. 아트세러피 종류로는 미술 치료, 음악 치료, 동작 치료, 문예 치료, 사진 치료, 놀이 치료, 드라마 치료 등이 대표적이고 앞으로 AI가 생성한 창작물이 각각의 아트세러피 영역에서 새로운 치유 방법을 제시하게 될 것이다.

창작 활동을 바라보는 입장

아트세러피 중에서 미술 치료에는 세 가지 견해가 있다. 첫째, 미술을 치료의 매개체로 활용하는 치료에서의 미술(Art in therapy)은 미술 치료사의 개입을 통해 내면의 감정과 생각을 시각적으로 표현하도록 돕는다. 둘째, 창작 활동 자체를 치료라고 보는 치료로서의 미술(Art as therapy)은 예술적 표현이 개인의 정서적 회복과 자아 탐색을 촉진할 수 있음을 강조한다. 마지막으로 치료에서의 미술과 치료로서의 미술을 적절하게 활용하는 것이 치료 효과가 가장 크다는 통합적 입장이 있다.

치료에서의 미술은 미술 치료사의 개입으로 개인의 심리적 어려움을 언어가 아닌 창작 활동으로 감정, 생각 등의 내면을 시각화할 수 있도록 안내하고 창작 과정을 통해 내면의 자원과 힘을 발견함으로써 현실에서 원하는 삶을 창조해 나가는 과정으로 이어진다. 이는 수많은 연구를 통해 효과가 검증되었다.

치료로서의 미술은 실제로 많은 예술가들이 창작 활동이 치유였다고 고백하는 경우가 꽤 있다. 대표적으로 '삶은 어떠한 고통이 있더라도 살아내는 것이다'라는 강한 메시지를 전달해 주는 멕시코의 초현실주의 화가 프리다 칼로는 17세에 온몸이 골절되는 교통사고, 성인이 된 이후 남편의 여성 편력, 남편과 동생의 불륜으로 이혼과 재결합, 세 번의 유산, 사고 후유증으로 신체적 · 정신적 고통으로 찢긴 내면을 캔버스에 옮겨 그렸다. 그녀는 "나는 죽지 않았어요. 게다가 살아야 할 이유가 생겼어요. 그림이 그 이유예요"라는 표현으로 사람들에게 예술이 삶의 의미를 부여할 수 있음을 상징적으로 보여 주었다.

아트세러피에서 환경과 매체의 중요성

상담자는 아트세러피를 처음 접하게 되는 내담자에게 꼭 안내한다. 매체를 잘 다룰 필요가 없다. 매체는 내면을 반영하기 위한 도구일 뿐이고 창작물의 완성도를 보려는 것이 아니다. 아트세러피에서 매체는 마음을 표현하는 도구고, 창작 과정은 내면의 부분을 발견하고 핵심 감정을 피하지 않는 시도 자체가 치유와 연결되는 과정이다. 공부하는 학생에게 공부할 수 있는 환경이 중요하듯이 아트세러피 역시 환경 구성이 중요하다. 미술 치료를 예로 들어서 설명하면 개인 내면을 창작 활동으로 끌어내기 위해서는 여러 목적으로 사용되는 공간은 적절하지 않다. 작품은 개인 내면의 부분이 표현되는 것으로 작품 노출이 되는 공간에서는 작업에 대한 집중도가 낮아진다. 또한 여러 목적으로 사용되는 공간은 미술 재료와 작품 보관이 쉽지 않다. 기본적으로 준비되어야 하는 것으로는 작업 테이블, 이젤, 작품을 붙일 수 있는 흰색 벽, 자연광과 눈을 피곤하지 않은 조명으로 환경을 구성하는 것이 내담자에게 안정감을 준다. 또한 미술 치료사는 내면을 표현할 수 있는 다양한 재료에 대하여 내담자가 궁금해할 경우 창작 과정에 도움이 될 수 있도록 매체 이름, 사용 방법, 재료 특성을 안내해야 한다. 설명한 것처럼 창작 공간과 매체 탐구는 미술 치료에서 중요한 과정에 포함된다. 그러나 준비가 다 되었어도 내담자 중에는 미술이라는 낯선 매체를 불편해하는 사람도 있다. 이러한 경우 다른 방법으로 내면을 탐색할 수 있도록 안내를 해야 하는데 이때 생성형 AI는 매우 효과적인 대안이 될 수 있다. 다음은 아트세러피에 활용하고 있는 이미지 생성 AI 도구다. 달리(DALL · E), 미드저니(MidJourney), 스테이블 디퓨전(Stable Diffusion), 런웨이(Runway ML)

외에도 개성 넘치는 도구들이 사용되고 있고 개발 중이다. 개인의 기호에 따라 선택해서 사용하려면 호기심을 가지고 이것저것 사용해 봐야 하고 심리 상담사는 내담자에게 미술 치료에서 매체를 알려 주듯이 생성 AI가 창작한 작품들을 보여 주고 사용하고 싶은 도구 선택을 할 수 있도록 안내해야 한다. 다행히 생성형 AI는 우리가 익숙한 검색창과 유사한 환경을 제공하며, 단어 또는 문장으로 표현하는 방식에 따라 결과물이 달라진다. 특히, 내면의 감정이나 기억을 어떻게 프롬프트에 담아내느냐에 따라 생성된 작품의 결과물이 크게 달라질 수 있다. 치료적 관점에서 생성형 AI는 사용자가 원하는 작품이 완성될 때까지 프롬프트를 보완할 수 있고 결과적으로 생성형 AI를 활용한 아트세러피는 심리 상담의 뉴패러다임을 제시하며 치료적 접근을 보다 유연하게 할 것이다.

생성형 AI가 예술 치료에서 효과적인 도구로 활용되기 위해서는 예술 치료사가 내담자의 감정을 보다 상징적으로 표현할 수 있도록 프롬프트를 조정하고 안내하는 역할을 해야 한다. 또한, 생성된 작품을 내담자와 함께 감상하며, 창작물에 내면의 정서가 얼마나 반영되었는지 탐색하는 과정이 필요하다. 이를 통해, 회차별 창작물의 변화를 추적하며 감정의 원인과 결과를 이해하고, 이러한 변화가 내담자의 자기 탐색과 심리적 통찰로 이어질 수 있도록 돕는 것이 중요하다. 또한 생성형 AI로 창작한 작품은 우연의 효과를 기대할 수 있는데 우연의 효과는 원하는 이미지로 마무리해 보고 싶은 의지를 느끼게 하면서 작품에 대한 책임감으로 완성도를 높여 가게 되며, 자유연상을 가능하게 하여 뜻밖의 통찰이 있거나 감정 해소가 되는 경우가 있다. 궁극적으로 생성형 AI는 예술 치료 과정에서 감정 표현의 폭을 확장하고, 치료적 개입을 보다 깊이 있게 진행할 수 있는 강력한 도구가 될 수 있다.

아트세러피에서의 창작물은 재미로 한번 만들어 본 결과물이 아니다. 그동안 터놓지 못했던 마음이 내면의 투쟁 끝에 완성된 것이기 때문에 모든 창작물을 존중하는 것은 내담자를 존중하는 것과 같은 의미를 갖고 있다. 작품 보관 역시 상담사의 중요한 역할이다. 창작 과정을 통해 사람들은 스스로 자신을 발견해 가는 과정을 놀라워하는데 생성형 AI는 충분히 내면과 상호작용이 가능하며 충분히 자기 탐구를 돕는 도구 역할을 할 수 있다. 이때, 예술 치료사는 내담자가 자신의 내면에 대해 자연스럽게 호기심을 가질 수 있도록 생성형 AI를 활용해 스스로 내면을 탐색하는 과정에 집중할 수 있도록 적절한 수준에서 개입하여 내담자가 자기 이해를 심화하고, 자신의 삶에서 의미를 발견하거나 새롭게 형성하는 과정을 경험할 수 있도록 한다.

심리 상담의 뉴패러다임

2022년 전국의 64개 전문대학 학생들을 대상으로 메타버스 심리 상담을 운영하면서 메타버스 공간에서 그림을 그려 보고, 텍스트 상담, 음악 감상, 대본 낭독 등으로 비대면 아트세러피의 장단점과 가능성을 미리 예견할 수 있었고 꼭 해보고 싶은 프로젝트도 생겼다. 가상 세계는 현실에서 할 수 없었던 것을 시도해 볼 수 있는 아주 최상의 환경이다. 또한 시공간에 제약이 없는 메타버스 환경이었기 때문에 전국에 있는 학생들과 상담이 가능했고, 익명성 보장까지 되어서 사회적 낙인이나 불편감에서 벗어나 자유롭게 학생들이 상담에 임할 수 있었다. 단점은 상담사가 행동 관찰을 직접 할 수 없기 때문에 미묘한 감정 변화가 있을 때 알아차리지 못한다는 것이다.

메타버스 전시

요즘과 같은 디지털 환경에서 비대면으로 안 되는 것이

무엇이 있는지 생각해 봤다. 완전하게 전환할 수 없는 것은 출산과 장례밖에 떠오르지 않는다. 거의 모든 것이 비대면화를 지향해 가고 있고 실제 그렇게 되어 있다. 이미 우리는 비대면 환경에서 수업도 했고, 회의도 했고, 여행도 갔다. 문화생활 역시 다양한 콘텐츠가 개발되었고 메타버스 갤러리를 방문해 본 경험이 있으면 알고 있을 것이다. 도슨트, 작가와의 소통, 체험, 기념품 매장 등이 오프라인보다 못하다는 느낌보다는 미술관에 있는 것보다 자유로움을 느끼면서 작품 감상을 할 수 있게 잘 구성되어 있다. 메타버스 갤러리는 완벽하게 관람객 위주로 원하는 시간대에 원하는 시간만큼 원한다면 매일 관람이 가능한 것은 물론이고 적극적으로 즐기려는 의지가 있다면 작품을 확대하고 축소하며 작품 감상 경험을 극대화할 수 있다. 체험형 갤러리로 나아간다면 관람객이 메타버스 공간에서 생성 AI와 상호작용하면서 실시간 작품을 생성하고 전시하는 것까지 가능할 것이다. 디지털 세상은 하루가 다르게 달라지고 있고 아이디어가 있으면 시도해 보는 것이 개인의 히스토리가 된다.

아트세러피에서 작품을 전시하는 것은 아트세러피의 선택적 과정이고 동시에 신중해야 하는 단계다. 작품은 내담자의 지극히 개인적인 이야기들로 채워져 있기 때문이다. 미술 치료 세션 중에는 작품 내용에 대한 비밀 유지가 되었지만, 대중에게 전시될 때 작품에 포함된 인물이 있다면 모두에게 동의를 구하는 것이 필요하다. 또한 전시 목적이 사회적으로 긍정적인 영향을 주기 위함이었을지라도 대중의 판단은 다를 수 있다는 것을 알고 있어야 한다. 전시는 보다 자기 객관화가 분명하게 되었을 때 명확한 경계 설정을 두고 할 수 있는 것이다. 만약 개인적으로 유지하고자 하는 이미지가 있으면 전시를 통해 그렇게 되지 않으리라는 것을 상담사는 교육해야 한다.

아트세러피의 기대 효과

아트세러피의 기대 효과는 심신의 불편감을 겪는 사람들이 창조적 활동을 통해 자유롭고 자발적인 의사소통을 경험하며 감정적 치유를 이루는 데 있다. 또한, 치료 과정에서 형성된 내적 균형과 자기표현의 확장성이 치료 이후에도 지속되어, 일상의 스트레스와 불편한 감정을 이전보다 더 유연하고 안정적으로 다루며 마음의 치유가 몸의 치유로 이어져서 삶의 질이 증진되면서 자신의 잠재력에 대한 긍정적인 평가로 자신을 아끼고 사랑하게 되는 것이다.

06
주목받는 AI 기반 비대면 심리 상담

전통적인 대면 상담과 AI 기반 비대면 심리 상담은 방식에는 차이가 있으나, 본질은 개인의 내면을 깊이 탐구하고 이해하려는 목적이 동일하다. 대면 상담 그리고 메타버스 심리 상담 경험을 바탕으로, 메타버스 기반 비대면 심리 상담의 강점, 약점, 기회, 위협을 분석하여 그 주요 당위성과 한계점을 고찰하고자 한다.

AI와 야구?

20대 초 · 중반 청년들 약 1만6천 명 정도에게 내 인생에 꼭 필요한 것들이 무엇이 있는지 4년 정도에 걸쳐 물어봤다. 이에 대한 응답으로는 휴대전화라고 말하는 청년들이 많았다. 카페, 식당, 지하철 등 요즘 청년들을 보면 친구랑 같이 있지만 대화를 나누기보다 각자의 휴대폰으로 무엇인가 하고 있다. 만나서 저렇게 있을 거면 왜 만났을까? 생각해 볼 수 있겠지만 소통은 간편해지고 있고, 한 번도 만나지 않았어도 라이프 스타일이 통하면 SNS를 통해 적당한 거리를 유지하며 서로를 지지하는 관계를 편안해하고 있다.

10년 전 '관태기'라는 단어가 청년들 사이에서 신조어로 등장했다. 관계에 권태를 느낀다는 뜻이다. 혼영, 혼밥, 혼술과 같은 1인 문화가 정착된 지 10년이 지난 지금, 그 흐름은 더욱 뚜렷해졌다. 그러나 관태기의 자발적 소통 단절과 달리, 코로나19로 인한 강제적 소통 단절은 심리적 압박감의 성격이 너무나 달랐다. 급기야 코로나19는 물리적 방역뿐만 아니라 심리 방역도 병행되어야 한다고 강조하면서 우울과 불안 증상을 호소하는 코로나 블루, 분노와 공격으로 심각성을 나타내는 코로나 레드, 좌절과 암담함으로 코로나 블랙이라는 신조어를 만들어냈다. 상황이 나아질 거라 기대했지만 오미크론과 코로나19 4차 대유행으로 21년은 연말까지 사회적 거리 두기 지침을 따랐다. 대학을 예로 들면 2020학번과 2021학번은 코로나 학번이라고 불렸고, 2022학번 신입생들은 가장 민감한 고등학교 시기를 비대면으로 보내고 대학에 진학한 경우였다. 약 3년 정도 학생들은 외출이 제한된 상태에서 온라인 수업으로 학업을 이어온 학생들은 대학 생활에서도 소속감을 느끼지 못한 채 정서적 어려움을 겪었다. 이에 따라 대면 수업 적응이 필요하다는 의견이 제기되었고, 그 원인을 살펴보니 단순히 교사나 또래와의 관계 형성이 어려운 것이 아니라 기본적인 인사조차 자연스럽게 나누지 못하는 학생들이 많다는 점이 주요한 문제로 드러났다.

턱 없이 부족한 마음 건강 인프라

연령을 불문하고 다양한 사회적 부적응 행동이 심화되면서, 눈에 보이지 않는 마음 건강의 중요성이 부각되었고, 이를 지원할 인프라가 절대적으로 부족하다는 현실이 드러났다.

대학에서는 학생 상담을 필수로 하게 되어 있어서 관련해서 몇 분의 교수님들과 대화를 나누게 되었는데 진담 반 농담 반으로 "제가 상담이 필요합니다"라고 해서

"그럼 교내 상담 센터 이용해 보실 생각 있으세요?"라고 물으면 가 보겠다고 답하는 예는 없었다. 상담 센터가 어느 건물에 있는지 모르는 예도 있었다. 간과하지 않아야 할 것은 내가 선뜻 이용할 생각이 들지 않으면 학생들 역시 비슷한 이유에서 학생 상담 센터를 이용할 이유는 없다. 학생 상담 센터나 외부 상담 기관에서 제공하는 전통적인 대면 상담을 기피하는 가장 큰 이유는 낙인에 대한 우려다. 이처럼 비대면 심리 상담의 필요성은 이미 분명했지만, 가능성을 실현하려는 시도가 이루어지지 않은 것이다.

모두의 마음 건강을 위한 시도

보편적 마음 건강을 실천하기 위해서는 디지털 대전환이라는 전략적 흐름에 맞춰 심리 상담사들이 실현 가능한 시도를 적극적으로 모색해야 한다. 온라인 친화적인 세대 특성을 고려한 비대면 심리 상담은 전문적인 도움이 필요함에도 상담 서비스를 이용하지 않는 서비스 갭(Service Gap) 현상을 해소하는 데 기여할 수 있고, 보다 실질적이고 지속 가능한 마음 건강 증진을 할 수 있는 방법이 된다.

다양한 마음 건강 관리 앱

비대면 정신 건강 설루션(Solution)을 제공하는 해외 유니콘 기업 중 하나인 캄(Calm)은 현재 약 20억 달러의 기업 가치를 인정받고 있다. 캄은 온종일 줌(Zoom · 화상 채팅 앱) 미팅에 시달린 사람들에게 명상과 수면 보조 콘텐츠를 제공하며, 감정 조절 도구, 심리적 웰빙을 위한 기능들을 제공하고 있으며, 앱 다운로드는 1억 회 이상, 유료 구독자는 400만 명이 넘고 3000여 개의 기업 고객사를 보유하고 있다. 최근에는 캄 헬스(Calm Health)를 통해 우울증 관리와 같은 임상적 서비스 영역으로 확장하고 있다. 또 다른 유니콘 기업으로 헤드 스페이스(Head space)는 2010년 영국에서 창립했고, 현재는 미국에 본사를 두고 있다. 주력 사업은 온라인 앱을 기반으로 스트레스 관리, 수면 개선, 명상 콘텐츠 등을 제공하는 정신 건강 관리 설루션을 운영하고 있으며, 2020년 8월 진저(Ginger)라는 정신 건강 서비스 업체를 인수하였다. 현재 앱 다운로드 수는 6500만 건에 이르며, 유료 구독자는 약 200만 명에 달한다. 국내에서도 마인드카페는 익명 정신 건강 커뮤니티로 출발해 현재 200만 명 이상이 사용하는 국내 최대 종합 정신 건강 플랫폼으로 자리 잡았다. 역시 한국의 AI 기반 메타버스 심리 상담 플랫폼으로 메타포레스트는 AI와 가상현실(Virtual Reality, VR)을 결합하여 상담자와 내담자 간 감정 교류를 돕는 환경을 제공한다. 이 플랫폼의 주요 기능 중 하나로 "VI 표정 인식 시스템"은, 별도의 가상현실 장비 없이도 웹캠을 통해 표정을 인식하고 이를 가상 아바타에 반영해 상담 시 감정 상태를 시각적으로 표현할 수 있도록 지원한다. 또한, AI 상담 어시스턴트를 통해 개인 맞춤형 심리 상담을 제공하며, 상담 전 심리 상태를 파악하는 데 큰 도움을 주고 있다. AI 및 디지털 기술을 기반으로 한 비대면 정신 건강 서비스는 글로벌 및 국내 시장에서 빠르게 확대되고 있으며, 보다 정교한 맞춤형 심리 지원이 가능해지는 방향으로 발전하고 있다.

유행이 아니고 선택이다

대면 심리 상담, 비대면 심리 상담 또는 AI 기반 비대면 심리 상담은 유행이 아니다. 마음 건강 관리를 할 수 있는 선택의 폭이 넓어진 것이고, 내담자가 원하는 방식 또는 내담자의 정신 질환 유무나 정도에 따라 상담 방식이 추천되는 것이다. 최근에는 과거에 없었던 AI 기반 비대면 심리상담의 현실 적용 가능성을 높이기 위해 연구가 활발히 진행되는 것이고, AI 기반 비대면 심리 상담에 대한 관심이 높아졌다고 대면 심리 상담이 없어질 수는 없다. 반드시 대면 심리상담이 필수적인 내담자의 경우, 심리상담사와의 직접적인 의사소통을 통해 효과적으로 문제를 해결할 수 있어야 한다. 특이한 경우로는 상담자의 외모를 보고 역량을 평가할 것 같다고 비대면 심리 상담을 신청한 경우가 있었다. 대면 상담과 비대면 상담을 모두 경험한 상담자의 입장에서 볼 때, 두 가지 방식은 각각 고유한 강점을 지니고 있다. 대면 상담의 가장 큰 이점은 상담자가 내담자의 표정과 태도를 직접 관찰하여 보다 깊이 있는 공감을 형성하고, 미묘한 정서적 표현까지 세밀하게 포착할 수 있다는 점이고 반면, 비대면 심리 상담은 지리적 제약 없이 접근할 수 있으며, 시간 활용의 효율성을 높이고, 익명성을 보장함으로써 보다 유연하고 편리한 상담 환경을 제공한다는 것이다. 앞으로도 최적의 상담 모델을 모색하는 흐름은 더욱 가속화될 것이다. 다만, AI 기반 비대면 상담은 기술적 장애, 개인정보 보호 등 여러 잠재적 문제가 발생할 수 있으므로 이를 사전에 충분히 안내하고 내담자의 동의를 받은 후 진행하는 것이 필수적이다.

생각하는 것과 행동하는 것의 차이

자신에게 가장 소중한 것을 아는 것은 사고의 영역이지만, 그것을 지키는 것은 행동의 영역이다. 소중한 것을 단순히 인식하는 것만으로는 지켜지지 않으며, 반드시 지키거나 실현하기 위해서는 적극적인 행동이 뒤따라야 한다. 즉, 인간은 누구나 태어나서 죽을 때까지 끊임없이 행동하며, 행동은 삶이 방향을 결정한다. 정신 건강이 가장 소중하다고 생각하는 사람 중에서도, 매일 정신 건강에 도움이 되는 행동을 실천하는 사람과 말로만 하는 사람 사이에는 분명한 결과의 차이가 존재하며 작은 행동이라도 지속적으로 실천하는 사람이 결국 더 나은 삶의 질을 누리게 된다. 이러한 점에서 정신 건강 관련 앱은 정신 건강에 도움이 되는 행동을 독려하는 시스템이라 할 수 있다. 기본적으로 마음 건강 앱 사용자가 선택한 행동을 실천했는지 기록할 수 있도록 설계되어 있으며, 셀프케어 및 셀프모니터링이 가능하다. 나아가, 앱을 통해 자신의 정신 건강 상태를 점검함으로써 개인적 통찰을 얻게 되고 스스로에게 더 깊이 주의를 기울이고 건강한 삶을 유지하는 데 기여할 수 있다.

메타버스 비대면 심리 상담 스왓 분석

2022년 겨울방학 동안 64개 전문대학 학생들을 대상으로 메타버스 플랫폼을 활용한 비대면 심리 상담을 실시하고, 그 결과를 스왓(SWOT) 분석으로 정리해 메타버스 기반 비대면 심리 상담의 가능성을 검토해 보았다.

메타버스 기반 비대면 심리 상담은 디지털 네이티브 세대에게는 최적화된 환경으로 익명성 보장이 가장 큰 강점이었다. 사용자는 자신이 누구인지 드러나지 않는 것이 심리 상담 중 보호받고 있다고 느꼈고, 민감한 주제나 감정을 보다 솔직하고 빠르게 표현하는 것이 가능했다. 또한 물리적 거리나 시간의 제약 없어서 사용자가 언제 어디서든 접근이 가능했고, 사용자에게 디지털 내 편안한 상담 환경을 제공하여 개인적인 메타버스 심리 상담 경험을 극대화할 수 있었다. 메타버스 기반 비대면 심리 상담은 확장성이 뛰어난 플랫폼으로 자리 잡을 수 있을 것이라고 기대한다. 반면, 약점으로는 기술적 제한이 존재한다는 점이 있었다. 고도화된 기술을 필요로 하기 때문에 사용자는 가끔씩 기술적 문제나 오류를 경험하였고, 상담자 입장에서 가장 아쉬웠던 것으로 가상 환경에서 상담자의 비언어적 표현을 감지할 수 없었거나 울고 있는데 휴지를 건네지 못하는 환경이라는 점에서 비대면 심리 상담의 한계를 확인했다. 기회 요인으로는 코로나 팬데믹 이후 디지털 상담 수요가 증가하면서 메타버스 상담이 새로운 심리 상담 인프라로 자리 잡아 가고 있고, AI를 통한 데이터 분석 및 패턴 인식을 통해 사용자에게 맞춤형 정신 건강 관리 서비스를 제공할 수 있는 기회가 곧 생길 것으로 본다. 그뿐만 아니라, 메타버스 플랫폼은 심리 상담을 넘어서 교육, 여가 생활, 집단 활동 등의 다양한 응용 분야로 확장할 수 있는 잠재력을 갖추고 있다. 마지막 위협 요인으로는 메타버스 환경에서 익명성을 보장한다고 해도 사용자 데이터 유출이나 해킹 위험이 여전히 존재하고, 메타버스 내 상담 서비스에 대한 법적 규제와 윤리적 기준이 아직 명확하지 않다는 점이 있다.

참고문헌

공혜정(2021.6.11). 세계 1억 명을 잠 재우고 있는 앱이 있다. ≪중앙일보≫. https://www.joongang.co.kr/article/24079857

김유경(2023.4.27). 마인드카페 운영사 아토머스, 명상 앱 '코끼리'인수. ≪머니투데이≫. https://news.mt.co.kr/mtview.php?no=2023042712343860166

설성인(2020.10.16). [비즈톡톡] 코로나 블루에 명상 앱 각광.. '캄'

기업가치 2조5000억. ≪조선비즈≫.
https://v.daum.net/v/20201016060253780
이지민(2024.1.25). 야타브엔터, 기술 전시회 'CES 2024' 참가. ≪한국목재신문≫.
https://www.woodkorea.co.kr/news/articleView.html?idxno=77385

07
컴퓨터 비전 기술과 아트세러피

컴퓨터 비전은 예술 작품과 표정을 분석하여 심리 상태를 이해하고 평가하는 데 사용된다. 이를 통해 감정 변화를 실시간으로 모니터링하고, 맞춤형 치료를 제공한다. 컴퓨터 비전 기술은 아트세러피에서 시각적 표현을 정밀하게 분석하여 치료 효과를 극대화한다. 관련된 컴퓨터 비전 기술을 전반적으로 리뷰하고 AI 기반의 컴퓨터 비전 기술이 아트세러피에 기여할 수 있는 방향을 제시한다.

AI와 윤동주?

컴퓨터 비전의 기본 개념

컴퓨터 비전은 컴퓨터가 인간의 시각적 인식을 모방하여 이미지나 비디오를 분석하고 이해하는 기술이다. 이 기술은 디지털 이미지를 처리하여 객체를 인식하고, 장면을 이해하며, 의미 있는 정보를 추출하는 데 사용된다. 컴퓨터 비전의 핵심은 이미지나 비디오에서 유용한 정보를 추출하고 해석하는 것이다. 이는 인간의 시각 시스템이 작동하는 방식을 모델링하여 컴퓨터가 시각적 데이터를 처리하고 이해할 수 있도록 하는 것을 목표로 한다(Szeliski et al, 2022). 컴퓨터 비전 시스템은 일반적으로 이미지 획득, 전처리, 특징 추출, 인식, 그리고 고수준 처리의 단계를 거친다. 이미지 획득 단계에서는 카메라나 센서를 통해 디지털 이미지를 얻는다. 전처리 단계에서는 노이즈 제거, 대비 향상 등의 작업을 수행하여 이미지 품질을 개선한다. 특징 추출 단계에서는 이미지에서 중요한 특징들(예: 에지, 코너, 텍스처)을 식별한다. 인식 단계에서는 추출된 특징을 바탕으로 객체를 식별하거나 분류한다. 마지막으로 고수준 처리 단계에서는 인식된 정보를 바탕으로 더 복잡한 작업(예: 장면 이해, 행동 분석)을 수행한다.

이미지 인식과 객체 탐지

이미지 인식은 컴퓨터 비전의 핵심 기능 중 하나로, 이미지를 구성하는 객체나 패턴을 식별하는 과정이다. 이는 딥 러닝(Deep Learning) 기술, 특히 합성곱 신경망(Convolutional Neural Networks, CNN)의 발전으로 큰 진전을 이루었다. CNN은 이미지의 계층적 특징을 자동으로 학습하여 높은 정확도로 이미지를 분류할 수 있다(Krizhevsky et al, 2012). 객체 탐지는 이미지나 비디오에서 특정 객체를 찾아내고 그 위치를 특정하는 과정이다. 이는 이미지 인식보다 더 복잡한 작업으로, 단순히 객체의 존재 여부를 판단하는 것을 넘어 객체의 정확한 위치와 크기를 파악해야 한다. 최신 객체 탐지 알고리즘으로는 YOLO(You Only Look Once), SSD(Single Shot Detector), Faster R-CNN 등이 있다. 이러한 알고리즘들은 실시간 처리가 가능할 정도로 빠르고 정확하여 자율주행, 보안 시스템, 의료 영상 분석 등 다양한 분야에서 활용되고 있다.

패턴 인식과 장면 이해

패턴 인식은 데이터 내의 규칙성이나 질서를 식별하는 과정이다. 컴퓨터 비전에서 패턴 인식은 이미지나 비디오에서 반복되는 시각적 요소나 구조를 찾아내는 데 사용된다. 이는 텍스처 분석, 얼굴 인식, 문자 인식 등 다양한 응용 분야에서 중요한 역할을 한다. 패턴 인식 기술은 기계 학습 알고리즘을 사용하여 데이터에서 패턴을 학습하고 새로운 데이터에 대해 이를 적용한다.

장면 이해는 이미지나 비디오에 포함된 객체들 간의 관계와 전체적인 맥락을 파악하는 고수준의 컴퓨터 비전 작업이다. 이는 단순히 개별 객체를 인식하는 것을 넘어, 객체들의 상호작용, 공간적 관계, 그리고 전체 장면의 의미를 이해하는 것을 목표로 한다. 장면 이해는 상황 인식, 행동 예측, 내용 기반 이미지 검색 등에 활용된다. 최근에는 딥 러닝 모델, 특히 트랜스포머(Transformer) 구조를 활용한 모델들이 장면 이해 작업에서 뛰어난 성능을 보이고 있다(LeCun et al, 2015).

심층 학습과 영상 처리

심층 학습(Deep Learning)은 컴퓨터 비전 분야에 혁명적인 변화를 가져왔다. 특히 CNN은 이미지 처리와 분석에 매우 효과적이다. CNN은 이미지의 지역적 특징을 자동으로 학습하고, 이를 계층적으로 조합하여 고수준의 특징을 추출할 수 있다. 이러한 특성 덕분에 CNN은 이미지 분류, 객체 탐지, 세그먼테이션 등 다양한 컴퓨터 비전 작업에서 뛰어난 성능을 보인다. 영상 처리는 디지털 이미지를 변환하거나 개선하는 과정이다. 이는 노이즈 제거, 대비 향상, 에지 검출, 이미지 압축 등 다양한 작업을 포함한다. 최근에는 딥 러닝 기술을 활용한 고급 영상 처리 기법들이 개발되고 있다. 예를 들어, 초해상도 기술은 저해상도 이미지를 고해상도로 변환할 수 있으며, 스타일 전이 기술은 한 이미지의 스타일을 다른 이미지에 적용할 수 있다.

증강 현실과 자율 시스템

증강 현실(Augmented Reality, AR)은 실제 환경에 컴퓨터로 생성된 정보를 겹쳐 보여 주는 기술이다. 증강 현실 시스템은 카메라로 실제 환경을 인식하고, 컴퓨터 비전 기술을 사용하여 가상 객체를 적절한 위치에 배치한다. 이를 위해 객체 인식, 3D 재구성, 포즈 추정 등의 컴퓨터 비전 기술이 사용된다. 증강 현실은 교육, 엔터테인먼트, 의료, 제조업 등 다양한 분야에서 활용되고 있다(Azuma et al, 2001). 자율 시스템에서 컴퓨터 비전은 핵심적인 역할을 한다. 자율 주행 차량, 로봇, 드론 등의 자율 시스템은 컴퓨터 비전을 통해 주변 환경을 인식하고 이해한다. 이를 위해 객체 탐지, 세그먼테이션, 깊이 추정, 동시적 위치 추정 및 지도 작성(Simultaneous Localization and Mapping, SLAM) 등의 기술이 사용된다. 이러한 기술들은 자율 시스템이 안전하고 효율적으로 작동할 수 있도록 돕는다.

생체 인식 시스템

생체 인식 시스템은 개인의 고유한 생물학적 특징을 사용하여 신원을 확인하는 기술이다. 이는 얼굴 인식, 지문 인식, 홍채 인식, 음성 인식 등을 포함한다. 컴퓨터 비전은 특히 얼굴 인식과 홍채 인식에서 중요한 역할을 한다. 얼굴 인식 시스템은 이미지나 비디오에서 얼굴을 탐지하고, 특징을 추출한 후, 데이터베이스와 비교하여 신원을 확인한다. 최신 얼굴 인식 시스템은 딥 러닝 기술을 사용하여 높은 정확도를 달성하고 있다. 홍채 인식은 눈의 홍채 패턴을 분석하여 개인을 식별하는 기술로, 매우 높은 정확도를 자랑한다. 생체 인식 기술은 보안 시스템, 출입 통제, 모바일 기기 인증 등 다양한 분야에서 활용되고 있다. 그러나 프라이버시 문제와 윤리적 고려 사항도 함께 제기되고 있어, 이에 대한 적절한 규제와 가이드라인 마련이 필요한 상황이다.

컴퓨터 비전의 실사용 사례

컴퓨터 비전 기술은 다양한 산업 분야에서 광범위하게 활용되고 있다. 의료 분야에서는 엑스레이(X-ray), CT, MRI 등의 의료 영상을 분석하여 질병을 진단하는 데 사용된다. 제조업에서는 제품의 품질 관리와 불량품 검출에 활용된다. 농업 분야에서는 드론과 컴퓨터 비전을 결합하여 작물의 상태를 모니터링하고 수확량을 예측한다. 소매업에서는 고객의 행동을 분석하고 재고를 관리하는 데 컴퓨터 비전이 사용된다. 보안 분야에서는 CCTV 영상을 실시간으로 분석하여 이상 행동을 감지하고 범죄를 예방한다. 엔터테인먼트 산업에서는 영화 제작, 비디오 게임 개발, 가상현실 콘텐츠 제작 등에 컴퓨터 비전 기술이 활용된다. 아트세러피 분야에서도 컴퓨터 비전의 활용 가능성이 높아지고 있다. 내담자의 작품을 자동으로 분석하여 색상, 형태, 구도 등의 특징을 추출하고, 이를 바탕으로 심리 상태를 평가하는 데 도움을 줄 수 있다. 또한, 치료 과정에서의 변화를 객관적으로 추적하고 기록하는 데에도 활용될 수 있다(Ramseyer & Tschacher, 2011).

아트세러피와 컴퓨터 비전의 연관성과 활용성

숙련된 미술 감상가가 작품의 미세한 붓 터치와 색채의 변화를 읽어내듯, 컴퓨터 비전 기술은 내담자의 작품에 담긴 심리적 단서들을 정교하게 포착한다. 우울증 환자의 작품에서 나타나는 어두운 색조의 점진적 변화나, 불안 장애를 겪는 이들의 불규칙한 선의 패턴까지 객관적으로 분석할 수 있게 되었다. 실제로 여러 아동 심리 치료 기관에서는 디지털 드로잉 과정에서 이러한 기술을 활용해 아동의 정서 발달을 추적하고 있으며, 치료 효과를 정량적으로 측정하는 데 큰 도움을 받고 있다. 컴퓨터 비전 기술은 아트세러피에서 다양한 방식으로 활용되고 있다. 예를 들어, 이미지 분석 알고리즘을 사용하여 내담자의 작품에서 색상 사용, 선의 특성, 구도 등을 자동으로 분석할 수 있다. 이를 통해 치료사는 내담자의 감정 상태나 심리적 변화를 객관적으로 평가할 수 있게 된다. 연구에 따르면, 컴퓨터 비전을 활용한 자동화된 그림 분석은 우울증과 불안 장애의 조기 진단에 효과적인 것으로 나타났다. 더 나아가 최신 연구에서는 가상현실(Virtual Reality, VR) 환경에서의 3차원 예술 활동 분석이나, 작품 제작 과정에서의 미세한 행동 패턴 추적까지 가능해지고 있다. 최신 연구에서는 가상현실 아트세러피에서 컴퓨터 비전 기술을 활용하여 내담자의 공간 인식과 움직임 패턴을 분석함으로써, 트라우마 치료에 새로운 접근 방식을 제시했다. 이러한 기술적 진보는 아트세러피의 과학적 근거를 강화하는 동시에, 보다 정확한 진단과 맞춤형 치료를 가능하게 만들고 있다. 컴퓨터 비전 기술은 또한 아트세러피 세션의 실시간 모니터링과 분석에도 활용될 수 있다. 예를 들어, 얼굴 표정 인식 기술을 사용하여 내담자의 감정 변화를 세션 동안 지속적으로 추적할 수 있다. 이는 치료사가 내담자의 반응을 더 정확히 이해하고, 적절한 개입 시점을 결정하는 데 도움을 줄 수 있다. 최근 연구에서는 이러한 실시간 감정 분석 시스템이 아동 아트세러피의 효과성을 크게 향상할 수 있음을 보여 주었다. 더불어, 컴퓨터 비전 기술은 아트세러피의 접근성을 높이는 데도 기여할 수 있다. 원격 아트세러피 세션에서 내담자의 작품을 실시간으로 분석하고 피드백을 제공함으로써, 물리적 거리의 한계를 극복할 수 있다. 이는 특히 이동이 어려운 환자나 지리적으로 고립된 지역의 내담자들에게 큰 도움이 될 수 있다. 결론적으로, 컴퓨터 비전 기술과 아트세러피의 결합은 치료의 정확성, 효율성, 그리고 접근성을 크게 향상할 수 있는 잠재력을 가지고 있다. 이는 아트세러피 분야에 새로운 지평을 열어 주며, 더 많은 사람들이 효과적인 심리 치료의 혜택을 받을 수 있게 해 준다. 앞으로 이 분야의 지속적인 연구와 발전을 통해, 컴퓨터 비전 기술은 아트 세러피의 핵심적인 도구로 자리 잡을 것으로 기대된다.

참고문헌

Azuma, R., et al.(2001). Recent advances in augmented reality. *IEEE computer graphics and applications*, 21(6), pp.34-47. https://ieeexplore.ieee.org/document/963459

Ramseyer, F. & Tschacher, W.(2011). Nonverbal synchrony in psychotherapy: Coordinated body movement reflects relationship quality and outcome. *Journal of consulting and clinical psychology*, 79(3), pp.284-295. https://psycnet.apa.org/record/2011-10887-002

Krizhevsky, A., et al.(2012). ImageNet classification with deep convolutional neural networks. *Advances in neural information processing systems*, 25. https://papers.nips.cc/paper/2012/hash/c399862d3b9d6b76c8436e924a68c45b-Abstract.html

LeCun, Y., et al.(2015). Deep learning. *Nature*, 521(7553), pp.436-444. https://www.nature.com/articles/nature14539

Szeliski, R.(2022). Computer vision: Algorithms and applications. Springer. https://link.springer.com/book/10.1007/978-3-030-34372-9

08
생성적 모델 기술과 아트세러피

생성적 모델은 새로운 예술적 표현을 탐구하고 창의성을 발휘할 수 있도록 지원한다. 이 기술은 디지털 환경에서 작품을 생성하거나 변형하여, 자유롭게 감정을 표현할 수 있는 기회를 제공한다. 생성적 모델은 아트세러피에서 자기표현 능력을 확장하고, 치유 과정에 창의적 요소를 더한다. 이에 관련된 주요 생성적 모델 기술과 아트세러피에 기여할 수 있는 측면을 살펴본다.

생성적 모델의 기본 개념

생성적 모델은 인공지능(Artificial Intelligence, AI)의 한 분야로, 주어진 데이터를 기반으로 새로운 데이터를 생성하는 기술이다. 이 모델은 이미지, 텍스트, 오디오 등 다양한 형태의 데이터를 만들어 낼 수 있으며, 최근에는 예술 창작 분야에서 그 가능성을 인정받고 있다. 생성적 모델은 주로 딥 러닝(Deep Learning) 기술을 활용하여 대량의 데이터를 학습하고, 이를 바탕으로 새로운 콘텐츠를 생성한다. 이러한 기술의 핵심은 패턴 인식과 재생성에 있다. 모델은 학습 데이터에서 복잡한 패턴과 특징을 추출하고, 이를 바탕으로 새로운 데이터를 생성한다. 예를 들어, 수천 장의 풍경 사진을 학습한 모델은 실제로 존재하지 않는 새로운 풍경 이미지를 만들어 낼 수 있다. 생성적 모델의 대표적인 예로는 생산적 적대 신경망(Generative Adversarial Networks, GAN)과 변분 오토인코더(Variational autoencoder, VAE)가 있다. GAN은 생성자와 판별자라는 두 개의 신경망이 서로 경쟁하며 학습하는 구조를 가지고 있어, 매우 현실적인 데이터를 생성할 수 있다(Goodfellow et al, 2014). VAE는 데이터의 잠재 공간을 학습하여 새로운 데이터를 생성하는 방식을 사용한다. 이러한 기술은 예술가들에게 새로운 영감을 제공하고, 창작 과정에서의 도구로 활용될 수 있다. 마치 화가가 빈 캔버스에 작품을 그리듯, 생성적 모델은 무한한 가능성을 지닌 '디지털 캔버스' 위에 새로운 작품을 창조한다. 이는 예술가의 창의성을 확장하고, 전통적인 방식으로는 불가능했던 새로운 형태의 예술을 탐험할 수 있게 해 준다.

창작의 새로운 도구: 이미지 생성

이미지 생성은 생성적 모델의 대표적인 응용 분야 중 하나다. 이 기술은 주어진 텍스트 설명을 기반으로 이미지를 생성하거나, 기존 이미지를 변형하여 새로운 스타일을 만들어 낸다. 예를 들어, 달리(DALL-E)와 같은 모델은 "바다 위에 떠 있는 고래"라는 문장을 입력받아 해당 이미지를 창조할 수 있다(Ramesh et al, 2022). 최근에는 더욱 발전된 모델들이 등장하고 있다. 스테이블 디퓨전(Stable Diffusion)과 같은 모델은 높은 품질의 이미지를 빠르게 생성할 수 있으며, 사용자의 세부적인 요구 사항을 반영할 수 있는 능력을 갖추고 있다. 이러한 모델들은 단순히 이미지를 생성하는 것을 넘어, 이미지 편집, 스타일 변환, 인페인팅(이미지의 일부를 채우는 기술) 등 다양한 작업을 수행할 수 있다. 이러한 기술은 예술가들이 상상력을 시각적으로 구현하는 데 도움을 줄 수 있으며, 새로운 스타일이나 아이디어를 탐색하는 데 유용하다. 예를 들어, 화가는 AI가 생성한 이미지를 초안으로 사용하여 자신만의 작품을 완성할 수 있다. 또한, 이 기술은 디자인 분야에서도 활발히 활용되고 있어, 제품 디자인이나 광고 제작 과정을 혁신적으로 변화시키고 있다. 이는 마치 작가가 글로 풍경을 묘사하듯, AI가 그 묘사를 시각적으로 구현해 내는 것과 같다. 이러한 기술은 예술 창작의 민주화를 가져올 수 있으며, 전문적인 그림 실력이 없는 사람들도 자신의 아이디어를 시각화할 수 있게 해 준다.

음악과 소리의 창조

생성적 모델은 음악과 소리의 창작에도 활용된다. 음악 생성 AI는 특정 스타일이나 장르를 학습하여 새로운 곡을 작곡할 수 있으며, 이는 작곡가들에게 영감을 주거나 반복적인 작업을 자동화하는 데 유용하다. 최근의 음악 생성 AI 모델들은 단순히 멜로디를 만드는 것을 넘어, 화성, 리듬, 악기 편성 등 음악의 모든 요소를 고려하여 완성도 높은 곡을 만들어 낼 수 있다(Huang et al, 2018). 예를 들어, 오픈AI(OpenAI)의 주크박스(Jukebox) 모델은 가사와 보컬까지 생성할 수 있어, 마치 실제 가수가 부른 것 같은 노래를 만들어 낼 수 있다. 또한, 소리 합성 기술을 통해 영화나 게임에서 필요한 효과음을 자동으로 생성할 수 있어 제작 시간을 단축하고 창의적인 가능성을 확장한다. 예를 들어, 특정 장면에 맞는 배경음악을 자동으로 생성하거나, 존재하지 않는 가상의 악기 소리를 만들어 낼 수 있다. 이는 마치 작곡가가 악보에 음표를 그려 넣는 대신 AI가 그 음표를 자동으로 채워 주는 것과 같다. 이러한 기술은 음악 창작의 새로운 지평을 열어 주며, 전문 음악가뿐만 아니라 일반인들도 쉽게 음악을 만들고 편집할 수 있게 해 준다.

텍스트와 스토리텔링

텍스트 생성 AI는 자연어 처리(Natural Language Processing, NLP) 기술을 기반으로 하여 소설, 시, 기사 등의 텍스트를 작성할 수 있다. 이러한 기술은 작가들이 글쓰기의 초안을 잡거나 특정 주제에 대한 아이디어를 얻는 데 도움을 줄 수 있다. 최신 언어 모델들은 놀라운 수준의 텍스트 생성 능력을 보여 주고 있다. 예를 들어, 지피티-3(GPT-3)과 같은 대규모 언어 모델은 주어진 프롬프트에 따라 다양한 스타일과 장르의 텍스트를 생성할 수 있다(Brown et al, 2020). 이러한 모델들은 단순한 문장 생성을 넘어, 문맥을 이해하고 일관성 있는 긴 텍스트를 작성할 수 있는 능력을 갖추고 있다. 또한, 대화형 AI는 사용자와 상호작용하며 스토리를 발전시키는 역할을 할 수 있어 교육 및 엔터테인먼트 분야에서 활용되고 있다. 예를 들어, AI 기반의 대화형 스토리텔링 게임은 사용자의 선택에 따라 이야기가 다양하게 전개되어, 매번 새로운 경험을 제공할 수 있다. 이는 마치 작가가 이야기를 시작하면 AI가 그 이야기를 이어받아 다양한 방향으로 전개해 나가는 것과 비슷하다. 이러한 기술은 창작의 새로운 형태를 만들어 내고 있으며, 작가와 AI의 협업을 통해 더욱 풍부하고 다양한 콘텐츠를 만들어 낼 수 있는 가능성을 제시하고 있다.

비디오와 애니메이션 제작

비디오 생성 기술은 짧은 클립이나 애니메이션을 자동으로 제작할 수 있는 가능성을 제공한다. 이러한 기술은 광고나 소셜 미디어 콘텐츠 제작에서 특히 유용하며, 사용자는 간단한 스크립트를 입력하여 원하는 비디오 콘텐츠를 빠르게 생성할 수 있다. 최근의 AI 모델들은 텍스트 설명을 바탕으로 비디오를 생성하는 능력을 갖추고 있다. 예를 들어, 메타 AI(Meta AI)의 메이크어비디오(Make-A-Video) 모델은 텍스트 프롬프트를 입력받아 짧은 비디오 클립을 생성할 수 있다. 이러한 기술은 스토리보드 제작, 애니메이션 초안 생성 등 영상 제작의 여러 단계에서 활용될 수 있다. 또한, AI를 활용한 딥페이크 기술의 발전으로 영화나 광고에서 배우의 얼굴을 다른 사람의 얼굴로 자연스럽게 대체하는 것이 가능해졌다. 이는 역사적 인물을 재현하거나, 나이 든 배우를 젊은 모습으로 표현하는 등 다양한 창의적 표현을 가능하게 한다. 이는 비디오 제작의 접근성을 높이고 창작 과정을 혁신적으로 변화시킨다. 마치 감독이 장면 구성을 지시하면 AI가 그 지시에 따라 장면을 촬영하고 편집하는 것처럼 작동한다. 이러한 기술은 영상 제작의 민주화를 가져올 수 있으며, 개인 크리에이터들도 고품질의 영상 콘텐츠를 쉽게 제작할 수 있게 해 준다.

패션 디자인과 스타일링

생성적 모델은 패션 산업에서도 혁신적인 도구로 사용된다. AI는 최신 트렌드를 분석하고 이를 기반으로 새로운 의상 디자인을 제안할 수 있으며, 가상 피팅 룸에서는 고객이 자신의 아바타에 다양한 스타일을 적용해 볼 수 있다(Sbai et al, 2018). AI 기반 패션 디자인 도구들은 디자이너의 초기 스케치를 바탕으로 다양한 변형을 생성하거나, 완전히 새로운 디자인을 제안할 수 있다. 예를 들어, IBM의 AI 패션 디자이너는 수백만 개의 패션 이미지를 분석하여 새로운 디자인을 생성할 수 있다. 또한, 개인화된 스타일 추천 시스템은 고객의 체형, 선호도, 과거 구매 이력 등을 분석하여 최적의 의상을 추천한다. 이는 온라인 쇼핑 경험을 개선하고, 고객 만족도를 높이는 데 기여한다. 이는 디자이너들이 창의적인 디자인을 개발하고 고객 맞춤형 서비스를 제공하는 데 일조한다. 마치 디자이너가 옷감을 선택하면 AI가 그 옷감을 바탕으로 다양한 의상을 디자인하는 것과 같다. 이러한 기술은 패션 산업의 생산 과정을 최적화하고, 지속 가능한 패션을 위한 해결책을 제시할 수 있는 잠재력을 가지고 있다.

건축과 공간 디자인

건축 분야에서는 생성적 모델이 건물 설계 및 공간 디자인에 활용된다. AI는 다양한 건축 양식과 구조를 학습하여 새로운 설계안을 제안할 수 있으며, 이는 건축가들이 보다 혁신적이고 효율적인 디자인을 개발하는 데 도움을 준다. AI 기반 설계 도구들은 건축가가 제시한 기본 요구 사항을 바탕으로 수많은 설계 옵션을 신속하게 생성할 수 있다. 예를 들어, 오토데스크(Autodesk)의 생성형 디자인(Generative Design) 도구는 주어진 제약 조건 내에서 최적의 구조를 찾아내며, 이는 건물의 에너지 효율성, 비용 효율성, 그리고 미적 요소를 모두 고려한다. 또한, 가상현실(Virtual Reality, VR)과 결합하여 설계된 공간을 미리 체험해 볼 수 있는 기회를 제공한다. 이를 통해 건축가와 클라이언트는 실제 건설 전에 가상공간을 걸어 다니며 디자인을 경험하고 수정할 수 있다. 이는 설계 과정의 효율성을 크게 높이고, 최종 결과물에 대한 만족도를 향상한다. 더 나아가, AI는 도시 계획에도 활용되어 교통 흐름, 에너지 사용, 생활 편의성 등을 최적화하는 '스마트 시티' 설계에 기여하고 있다. 이는 마치 건축가가 청사진을 그리면 AI가 그 청사진에 생명을 불어넣어 실제 공간처럼 구현해 내는 것과 같다. 이러한 기술은 건축 및 도시 설계 과정을 혁신적으로 변화시키고 있으며, 더 지속 가능하고 효율적인 생활 공간을 창출하는 데 기여하고 있다.

게임 개발과 캐릭터 디자인

게임 산업에서는 AI가 캐릭터 디자인과 환경 구성에 중요한 역할을 한다. 생성적 모델은 게임 내 캐릭터의 외모나 성격을 자동으로 설정하거나, 게임 세계의 지형과 구조를 무작위로 생성할 수 있어 개발자들의 작업 부담을 줄이고 창의성을 극대화할 수 있다. 예를 들어, 프로시저럴 생성 기술을 활용하면 게임 개발자는 무한히 다양한 레벨과 환경을 자동으로 생성할 수 있다. 이는 'No Man's Sky'와 같은 게임에서 볼 수 있듯이, 플레이어에게 매번 새로운 경험을 제공할 수 있게 한다. AI는 또한 NPC의 행동과 대화를 더욱 자연스럽고 다양하게 만드는 데 활용된다. 강화 학습을 통해 AI 캐릭터들은 플레이어의 행동에 적응하고 더욱 현실적인 반응을 보일 수 있게 되었다. 캐릭터 디자인 측면에서는 AI가 수많은 옵션을 생성하여 디자이너에게 영감을 제공하거나, 플레이어가 직접 자신만의 캐릭터를 쉽게 만들 수 있도록 도와준다. 이는 마치 게임 디자이너가 기본 설정만 해 주면 AI가 그 설정을 바탕으로 게임 세계를 구축하는 것과 같다. 이러한 AI 기술의 활용은 게임 개발 과정을 가속화하고, 더욱 풍부하고 몰입도 높은 게임 경험을 제공하는 데 기여하고 있다.

교육과 학습 콘텐츠 제작

교육 분야에서는 AI가 학습 자료와 콘텐츠를 자동으로 생성하여 개인 맞춤형 교육 경험을 제공한다. 학생들은 자신의 수준과 관심사에 맞춰진 학습 자료를 통해 효율적으로 공부할 수 있으며, 교사들은 반복적인 자료 준비에서 벗어나 학생 개개인에게 더 집중할 수 있게 된다. AI 기반 학습 플랫폼은 학생의 학습 패턴과 성과를 분석하여 개인화된 학습 경로를 제시한다. 예를 들어, 카네기 러닝(Carnegie Learning)의 마티아(MATHia) 플랫폼은 학생의 수학 문제 해결 과정을 실시간으로 분석하여 맞춤형 피드백과 추가 학습 자료를 제공한다. 또한, AI는 교육용 게임이나 시뮬레이션을 생성하여 학생들의 흥미를 유발하고 실제적인 학습 경험을 제공할 수 있다. 예를 들어, 역사 수업에서 AI는 특정 시대의 가상 인물과 대화할 수 있는 인터랙티브 시뮬레이션을 만들어 낼 수 있다. 더 나아가, AI는 자동 채점 시스템을 통해 교사의 업무 부담을 줄이고, 학생들에게 즉각적인 피드백을 제공할 수 있다. 이는 특히 대규모 온라인 공개강좌(MOOC)에서 유용하게 활용된다. 이는 마치 교사가 학생에게 맞춤형 교재를 제공하고 AI가 그 교재에 맞춰 학습 계획을 세워주는 것처럼 작동한다. 이러한 AI 기술의 활용은 교육의 효율성과 접근성을 크게 향상하며, 평생 학습 사회의 실현에 기여하고 있다. 이러한 다양한 분야에서의 생성적 모델의 활용은 창작과 학습의 방식을 혁신적으로 변화시키고 있다. AI는 인간의 창의성을 보완하고 확장하는 도구로서, 새로운 가능성의 영역을 열어가고 있다. 앞으로 이 기술이 더욱 발전함에 따라, 우리는 예술, 디자인, 교육 등 다양한 분야에서 더욱 혁신적이고 개인화된 경험을 할 수 있게 될 것이다.

아트세러피와 생성형 모델의 연관성과 활용성

정원사가 작은 씨앗의 잠재력을 키워내듯, 생성형 AI는 내담자의 초기 작품을 다양하게 발전시키는 조력자 역할을 한다. 이러한 기술은 아트세러피 분야에 혁신적인 도구와 방법론을 제공하며, 치료 과정의 효과성을 높이는 데 기여하고 있다(황지혜 · 한정엽, 2024). 현재 치료 현장에서는 내담자가 그린 간단한 스케치나 낙서를 AI가 완성된 작품으로 발전시키는 과정을 통해, 자기표현의 새로운 가능성을 탐색하고 있다. 이는 내담자의 창의성을 자극하고, 자신의 감정과 생각을 더욱 풍부하게 표현할 수 있는 기회를 제공한다. 예를 들어, 스타일 전이 기술을 활용하면 내담자의 작품을 다양한 예술 스타일로 변환할 수 있어, 자신의 감정을 다 각도로 탐색할 수 있다. 특히 표현의 어려움을 겪는 자폐 스펙트럼 장애 환자들에게 AI의 즉각적인 시각적 피드백은 새로운 소통 창구가 되고 있다. 생성형 AI는 비언어적 표현을 시각화하여 치료사와 내담자 간의 소통을 촉진하며, 이는 언어적 표현에 어려움을 겪는 내담자들에게 특히 유용하다. 연구에 따르면, AI 보조 아트세러피는 자폐 스펙트럼 장애 아동의 사회적 상호작용 능력과 감정 표현 능력을 향상하는 데 효과적인 것으로 나타났다. 최근에는 내담자의 감정 상태와 치료 목표에 따라 실시간으로 반응하는 적응형 AI 시스템이 개발되고 있으며, 이는 더욱 개인화된 치료 경험을 제공할 것으로 기대된다. 이러한 시스템은 내담자의 작품 스타일, 색상 선택, 붓질 패턴 등을 분석하여 감정 상태를 추론하고, 이에 맞춘 시각적 자극이나 창작 제안을 제공할 수 있다. 이는 치료사가 내담자의 심리 상태를 더 깊이 이해하고, 적절한 개입을 할 수 있도록 돕는다. 생성형 모델은 또한 가상현실이나 증강 현실(Augmented Reality, AR) 기술과 결합하여 몰입형 아트세러피 경험을 제공할 수 있다. 예를 들어, 내담자가 3D 공간에서 자유롭게 작품을 만들고, AI가 이를 실시간으로 발전시키거나 변형하는 과정을 통해 새로운 차원의 자기표현과 치유 경험을 할 수 있다. 이러한 기술의 활용은 특히 트라우마 치료나 불안 장애 치료에서 효과적일 수 있으며, 안전한 가상 환경에서 감정을 탐색하고 표현하는 기회를 제공한다. 더불어, AI는 아트세러피 세션의 기록과 분석에도 활용될 수 있다. AI는 세션 동안 생성된 작품들을 자동으로 분류하고, 시간에 따른 변화를 추적하며, 잠재적인 패턴이나 주제를 식별할 수 있다. 이는 치료사가 내담자의 진전을 객관적으로 평가하고, 치료 계획을 조정하는 데 도움을 줄 수 있다. 결론적으로, 생성형 모델 기술은 아트세러피 분야에 새로운 창의적 도구와 방법론을 제공하며, 치료의 효과성과 접근성을 높이는 데 기여하고 있다. 이러한 기술적 진보는 아트세러피의 창의적 가능성을 확장하는 동시에, 치료 과정의 효율성을 높이고 있다. 앞으로 이 분야의 연구와 실천이 더욱 발전함에 따라, 생성형 AI와 아트세러피의 결합은 정신 건강 치료의 새로운 지평을 열 것으로 기대된다.

참고문헌

황지혜·한정엽(2024). 생성형 AI 기반 미디어아트의 상호작용 유형 및 특성 분석. ≪한국공간디자인학회 논문집≫, 19(8), 487-494쪽. https://www.kci.go.kr/kciportal/ci/sereArticleSearch/ciSereArtiView.kci?sereArticleSearchBean.artiId=ART003155968

Brown, T. B., et al.(2020). Language models are few-shot learners. *Advances in neural information processing systems*, 33, pp.1877-1901. https://arxiv.org/abs/2005.14165

Goodfellow, I., et al.(2014). Generative adversarial nets. *Advances in neural information processing systems*, 27. https://papers.nips.cc/paper/2014/file/5ca3e9b122f61f8f06494c97b1afccf3-Paper.pdf

Huang, C. A., et al.(2018). Music transformer: Generating music with long-term structure. *arXiv preprint arXiv:1809.04281*. https://arxiv.org/abs/1809.04281

Ramesh, A., et al.(2022). Hierarchical text-conditional image generation with CLIP latents. *arXiv preprint arXiv:2204.06125*. https://arxiv.org/abs/2204.06125

Sbai, O., et al.(2018). Design inspiration from generative networks. *Lecture notes in computer science*, pp.37-44. https://arxiv.org/abs/1804.00921

09
자연어 처리 기술과 아트세러피

자연어 처리는 언어적 표현을 분석하여 감정과 심리 상태를 이해하는 데 중요한 역할을 한다. 이를 통해 언어적 패턴을 파악하고, 맞춤형 치료 접근을 설계할 수 있다. 자연어 처리 기술은 언어와 예술적 표현을 결합하여 종합적인 심리 평가와 치료를 지원한다. 자연어 처리 기술을 전반적으로 리뷰하고 AI 기반의 자연어 처리 기술이 아트세러피에 기여할 수 있는 측면을 제시한다.

AI와 화장품?

자연어 처리의 기본 개념

자연어 처리(Natural Language Processing, NLP)는 컴퓨터가 인간의 언어를 이해하고 생성할 수 있도록 하는 기술이다. 이는 텍스트와 음성을 분석하여 의미를 파악하고 자연스러운 대화를 생성하는 데 중점을 둔다. 자연어 처리 기술은 검색 엔진, 번역 서비스, 음성 인식 시스템 등 다양한 분야에서 활용되고 있으며, 최근에는 챗봇과 가상 비서 같은 대화형 인공지능(Artificial Intelligence, AI)에도 적용되고 있다. 자연어 처리의 핵심 과제는 언어의 모호성과 복잡성을 다루는 것이다. 예를 들어, "bank"라는 단어는 문맥에 따라 '은행'이 될 수도 있고 '강둑'이 될 수도 있다. 자연어 처리 시스템은 이러한 모호성을 해결하기 위해 문맥을 이해하고 적절한 의미를 추론해야 한다. 또한 문법 규칙, 관용구, 은유 등 언어의 복잡한 구조를 처리할 수 있어야 한다. 최근의 자연어 처리 기술은 딥러닝(Deep Learning)과 대규모 언어 모델의 발전으로 큰 진전을 이루었다. 이러한 모델들은 방대한 양의 텍스트 데이터를 학습하여 언어의 패턴과 구조를 파악하고, 이를 바탕으로 다양한 자연어 처리 작업을 수행할 수 있다. 이는 인간과 기계 간의 상호작용을 보다 자연스럽고 효율적으로 만들어 준다(Hirschberg & Manning, 2015).

언어 모델의 발전

자연어 처리의 핵심에는 언어 모델이 있다. 초기 언어 모델은 주로 통계적 방법을 사용하여 단어 간의 관계를 파악했지만, 최근에는 딥 러닝 기반의 모델이 주류를 이루고 있다. 특히, 트랜스포머 구조를 기반으로 한 지피티(GPT)와 같은 대규모 언어 모델은 방대한 양의 텍스트 데이터를 학습하여 문맥을 이해하고 자연스러운 텍스트를 생성할 수 있다. 이러한 대규모 언어 모델의 발전은 자연어 처리 분야에 혁명적인 변화를 가져왔다. 예를 들어, 지피티-3(GPT-3)은 1750억 개의 매개변수를 가진 모델로, 다양한 자연어 처리 작업을 수행할 수 있다. 이 모델은 텍스트 생성, 번역, 요약, 질문 답변 등 다양한 작업에서 인상적인 성능을 보여 주고 있다(Brown et al, 2020). 최근에는 양방향 인코더 표현 트랜스포머(Bidirectional Encoder Representations from Transformers, BERT)와 같은 양방향 언어 모델도 주목받고 있다. BERT는 문맥을 양방향으로 고려하여 더 정확한 언어 이해를 가능하게 한다. 이러한 모델들은 검색 엔진 개선, 감정 분석, 문서 분류 등 다양한 응용 분야에서 활용되고 있다.

음성 인식과 합성

자연어 처리 기술은 음성 인식과 합성 분야에서도 중요한 역할을 한다. 음성 인식 시스템은 사용자의 음성을 텍스트로 변환하여 컴퓨터가 이해할 수 있도록 하며, 이는 스마트폰의 음성 비서나 차량 내비게이션 시스템에서 널리 사용된다. 반대로, 음성 합성 기술은 텍스트를 자연스러운 음성으로 변환하여 사용자에게 전달한다. 최신 음성 인식 시스템은 딥 러닝 기술을 활용하여 높은 정확도를 달성하고 있다. 예를 들어, 구글의 음성 인식 시스템은 인간의 음성 인식 능력에 근접한 성능을 보여 주고 있다. 이러한 시스템은 다양한 억양과 방언을 처리할 수 있으며, 배경 소음이 있는 환경에서도 효과적으로 작동한다. 음성 합성 기술도 크게 발전하여, 더욱 자연스럽고 표현력 있는 음성을 생성할 수 있게 되었다. 최신 텍스트 음성 변환(Text-to-Speech, TTS) 시스템은 감정과 강조를 표현할 수 있으며, 다양한 목소리와 말투를 제공한다. 이는 시각 장애인이나 노인과 같은 사용자에게 특히 유용하며, 오디오 북, 내비게이션 시스템, 가상 비서 등에 널리 활용되고 있다.

기계 번역과 다국어 지원

기계 번역은 자연어 처리의 대표적인 응용 분야 중 하나다. 초기의 기계 번역 시스템은 규칙 기반 접근 방식을 사용했지만, 최근에는 신경망 기반의 기계 번역(Neural Machine Translation, NMT)이 주류를 이루고 있다. NMT는 문장 전체를 하나의 맥락으로 이해하고 번역할 수 있어 더 자연스럽고 정확한 번역 결과를 제공한다. 최신 NMT 시스템은 어텐션(attention) 메커니즘과 트랜스포머 구조를 활용하여 더욱 정교한 번역을 수행한다. 이러한 시스템은 문맥을 고려하여 단어의 의미를 정확히 파악하고, 문화적 뉘앙스까지 반영할 수 있다(Bahdanau et al, 2014). 예를 들어, 구글 번역기는 100개 이상의 언어를 지원하며, 실시간 음성 번역까지 제공하고 있다. 다국어 지원 기술은 기계 번역을 넘어 다국어 정보 검색, 크로스 링구얼 감정 분석, 다국어 문서 요약 등 다양한 분야로 확장되고 있다. 이는 글로벌 커뮤니케이션을 촉진하고 언어 장벽을 허물어뜨리는 데 크게 기여하고 있다.

감정 분석과 의견 추출

감정 분석은 텍스트에서 감정이나 의견을 추출하는 기

술로, 소셜 미디어 모니터링이나 고객 피드백 분석에 활용된다. 이는 기업이 소비자의 반응을 이해하고 제품이나 서비스 개선에 반영하는 데 도움을 준다. 감정 분석 모델은 긍정적, 부정적, 중립적 감정을 구분할 수 있으며, 이를 통해 대중의 감정을 실시간으로 파악할 수 있다. 최신 감정 분석 기술은 단순히 긍정/부정을 구분하는 것을 넘어, 더 세밀한 감정 상태(예: 기쁨, 슬픔, 분노, 두려움 등)를 식별할 수 있다. 이를 위해 딥 러닝 모델과 대규모 감정 레이블링된 데이터 셋이 사용된다. 또한, 문맥을 고려한 감정 분석도 가능해져, 반어법이나 은유와 같은 복잡한 언어 표현에서도 정확한 감정을 추출할 수 있게 되었다(Liu, 2012). 의견 추출 기술은 텍스트에서 특정 주제에 대한 의견이나 태도를 자동으로 식별하고 추출한다. 이는 제품 리뷰 분석, 여론 조사, 정책 결정 지원 등에 활용된다. 최신 기술은 의견의 대상(aspect)까지 식별할 수 있어, 예를 들어 스마트폰 리뷰에서 배터리, 카메라, 디자인 등 각 요소에 대한 의견을 개별적으로 추출할 수 있다.

대화형 AI와 챗봇

대화형 AI는 사용자와 자연스러운 대화를 나누는 것을

목표로 한다. 챗봇은 이러한 대화형 AI의 대표적인 예로, 고객 서비스나 정보 제공 등 다양한 분야에서 활용된다. 최신 챗봇 시스템은 사용자의 의도를 파악하고 적절한 답변을 제공할 수 있으며, 이를 통해 사용자 경험을 향상한다. 최근의 대화형 AI 시스템은 단순한 질의응답을 넘어 복잡한 대화 맥락을 이해하고 유지할 수 있다. 예를 들어, 대화 중에 이전에 언급된 정보를 기억하고 이를 바탕으로 적절한 응답을 생성할 수 있다. 또한, 감정 인식 기술을 통합하여 사용자의 감정 상태에 따라 응답을 조절하는 감성 지능형 챗봇도 개발되고 있다. 대화형 AI는 고객 서비스 외에도 교육, 의료, 엔터테인먼트 등 다양한 분야에서 활용되고 있다. 예를 들어, 언어 학습 앱에서는 대화형 AI가 학습자와 실제 대화를 나누며 언어 실력을 향상하는 데 도움을 준다. 의료 분야에서는 초기 증상 체크나 정신 건강 상담에 활용되고 있다.

텍스트 요약과 정보 추출

텍스트 요약 기술은 긴 문서를 짧게 요약하여 핵심 정보를 제공하는 데 사용된다. 이는 뉴스 기사나 연구 논문 등의 내용을 빠르게 파악하는 데 유용하다. 정보 추출 기술은 문서에서 특정 정보를 자동으로 추출하여 데이터베이스에 저장하거나 검색할 수 있도록 한다. 최신 텍스트 요약 기술은 추출적 요약(extractive summarization)과 추상적 요약(abstractive summarization)으로 나뉜다. 추출적 요약은 원문에서 중요한 문장을 선택하여 요약문을 만드는 방식이고, 추상적 요약은 원문의 내용을 이해하고 새로운 문장을 생성하여 요약하는 방식이다. 최근에는 트랜스포머 기반의 모델을 사용한 추상적 요약 기술이 큰 발전을 이루어, 더욱 응집력 있고 읽기 쉬운 요약문을 생성할 수 있게 되었다(Nallapati et al, 2016). 정보 추출 기술은 명명된 개체 인식(Named Entity Recognition, NER), 관계 추출(Relation Extraction), 사건 추출(Event Extraction) 등의 세부 기술로 구성된다. 이러한 기술들은 비정형 텍스트에서 구조화된 정보를 추출하여 지식 그래프 구축, 질의응답 시스템 개발 등에 활용된다. 최근에는 퓨샷 러닝(few-shot learning) 기법을 활용하여 적은 양의 학습 데이터로도 효과적인 정보 추출이 가능한 모델들이 개발되고 있다.

문서 분류와 주제 모델링

문서 분류는 문서를 특정 카테고리로 자동 분류하는 기술이다. 이는 이메일 필터링이나 뉴스 기사 분류 등에 활용된다. 주제 모델링은 문서 내에서 주요 주제를 식별하고 이를 기반으로 문서를 그룹화하는 데 사용된다. 이러한 기술은 대량의 문서를 효율적으로 관리하고 분석하는 데 도움을 준다. 최신 문서 분류 기술은 딥 러닝 모델, 특히 BERT와 같은 사전 학습된 언어 모델을 파인튜닝(fine-tuning)하여 사용한다. 이러한 접근 방식은 적은 양의 레이블된 데이터로도 높은 정확도를 달성할 수 있다. 또한, 계층적 분류 모델을 사용하여 복잡한 카테고리 구조를 가진 문서도 효과적으로 분류할 수 있게 되었다. 주제 모델링 분야에서는 전통적인 잠재 디리클레 할당(Latent Dirichlet Allocation, LDA) 모델을 넘어, 신경망 기반의 주제 모델링 기법들이 개발되고 있다(Blei et al, 2003). 예를 들어, 신경 주제 모델(Neural Topic Model, NTM)은 변분 오토인코더(Variational autoencoder, VAE) 구조를 활용하여 더 코히런트(coherent)한 주제를 추출할 수 있다. 또한, 동적 주제 모델링 기법을 통해 시간에 따른 주제의 변화를 추적할 수 있게 되었다. 이러한 기술들은 디지털 도서관 관리, 학술 논문 분석, 트렌드 예측 등 다양한 분야에서 활용되고 있다. 예를 들어, 학술 논문 데이터베이스에서는 이러한 기술을 활용하여 연구 동향을 분석하고 관련 논문을 추천하는 서비스를 제공한다.

자연어 생성과 창작 도구

자연어 생성(Natural Language Generation, NLG)은 데이터나 아이디어를 바탕으로 새로운 텍스트를 생성하는 기술이다. 이는 보고서 작성이나 콘텐츠 생성에 활용되며, 창작 과정에서 인간 작가에게 영감을 줄 수 있다. 자연어 생성 도구는 사용자가 입력한 간단한 정보를 바탕으로 복잡한 문서를 자동으로 작성할 수 있도록 지원한다. 최신 NLG 기술은 지피티-3과 같은 대규모 언어 모델을 기반으로 하여 매우 자연스럽고 다양한 스타일의 텍스트를 생성할 수 있다. 이러한 모델들은 소설, 시, 뉴스 기사, 광고 문구 등 다양한 형태의 텍스트를 생성할 수 있으며, 주어진 프롬프트나 스타일 가이드에 따라 텍스트를 조정할 수 있다. 창작 도구로서의 NLG 기술은 작가들에게 새로운 가능성을 제공한다. 예를 들어, 플롯 생성기는 작가에게 새로운 스토리 아이디어를 제안할 수 있고, 캐릭터 생성기는 복잡하고 다면적인 캐릭터 프로필을 만들어 낼 수 있다. 또한, 대화 생성기는 소설이나 시나리오 작성 시 캐릭터 간의 대화를 자동으로 생성할 수 있다. 비즈니스 분야에서는 NLG 기술이 데이터 기반 보고서 작성, 개인화된 마케팅 콘텐츠 생성, 제품 설명 자동화 등에 활용되고 있다. 예를 들어, 금융 기관에서는 NLG 시스템을 사용하여 복잡한 금융 데이터를 이해하기 쉬운 보고서로 변환한다. 교육 분야에서도 NLG 기술이 활용되고 있다. 예를 들어, 개인화된 학습 자료 생성, 자동 문제 출제, 학생 성과 보고서 작성 등에 사용된다. 이를 통해 교사들은 반복적인 작업에서 벗어나 더 가치 있는 교육 활동에 집중할 수 있게 된다. 그러나 NLG 기술의 발전은 윤리적 문제도 제기한다. 예를 들어, 가짜 뉴스 생성, 표절, 저작권 문제 등이 우려되고 있다. 따라서 이러한 기술을 책임감 있게 사용하고 적절히 규제하는 방안에 대한 논의가 계속되고 있다. 결론적으로, 자연어 처리 기술은 빠르게 발전하고 있으며, 우리의 일상생활과 다양한 산업 분야에 깊이 침투하고 있다. 이러한 기술은 인간의 언어능력을 보완하고 확장하는 도구로서, 커뮤니케이션의 효율성을 높이고 새로운 창의적 가능성을 열어 주고 있다. 앞으로 자연어 처리 기술은 더욱 정교해지고 인간의 언어 사용에 더 가까워질 것으로 예상되며, 이에 따라 인간-기계 상호작용의 새로운 패러다임이 열릴 것으로 기대된다.

아트세러피와 자연어 처리의 연관성과 활용성

자연어 처리 기술은 아트세러피 분야에서 혁신적인 도구로 부상하고 있다. 능숙한 통역사가 서로 다른 언어 사이의 다리를 놓듯이, 자연어 처리 기술은 예술적 표현과 언어적 소통 사이의 간극을 메우는 핵심 도구로 자리 잡고 있다. 이 기술은 내담자의 언어적 표현을 분석하여 감정 상태와 심리적 변화를 파악하는 데 중요한 역할을 한다. 현재 많은 치료 기관에서는 AI를 활용해 내담자들의 작품 설명을 분석하고, 시간에 따른 감정 변화와 인지 기능의 발전을 추적하고 있다(안세훈 · 정옥란, 2021). 예를 들어, 자연어 처리 기술을 이용한 감정 분석 도구는 내담자의 언어적 표현에서 감정의 강도와 종류를 식별할 수 있다. 이를 통해 치료사는 내담자의 심리 상태를 더 정확히 이해하고, 치료 과정을 개인화할 수 있다. 더욱 주목할 만한 것은, 최신 AI 시스템들이 문화적 맥락까지 고려하여 더욱 섬세한 해석을 제공할 수 있게 되었다는 점이다. 이는 다문화 환경에서의 치료 효과를 높이는 데 큰 도움이 되고 있으며, 앞으로는 더욱 정교한 문화간 소통 도구로 발전할 것으로 전망된다. 예를 들어, 다국어 지원 기능을 갖춘 자연어 처리 시스템은 다양한 언어와 문화적 배경을 가진 내담자들의 표현을 정확히 해석하고 번역할 수 있다. 자연어 처리 기술은 또한 아트세러피 세션 중 생성된 대화 내용을 자동으로 기록하고 요약하는 데 활용될 수 있다. 이는 치료사가 세션 후 내용을 검토하고 분석하는 데 소요되는 시간을 크게 줄여 준다. 더 나아가, 이 기술은 여러 세션에 걸친 내담자의 언어 사용 패턴 변화를 추적하여 치료 진행 상황을 객관적으로 평가하는 데 도움을 줄 수 있다. 아트세러피와 자연어 처리의 결합은 또한 새로운 형태의 창의적 치료 방법을 가능케 한다. 예를 들어, AI 기반 자연어 생성 모델을 사용하여 내담자의 작품에 대한 시나 이야기를 자동으로 생성할 수 있다. 이는 내담자가 자신의 작품을 새로운 관점에서 바라보고 해석하는 데 도움을 줄 수 있으며, 추가적인 자기표현과 통찰의 기회를 제공한다. 결론적으로, 자연어 처리 기술은 아트세러피 분야에 새로운 가능성을 열어 주고 있다. 이 기술은 치료사와 내담자 간의 소통을 강화하고, 치료 과정을 더욱 효과적으로 만들며, 새로운 형태의 창의적 개입을 가능케 한다. 앞으로 자연어 처리 기술이 더욱 발전함에 따라, 아트세러피 분야에서의 활용 범위와 효과성은 더욱 확대될 것으로 기대된다.

참고문헌

안세훈·정옥란(2021). 감정분석 기반 심리상담 AI 챗봇 시스템에 대한 연구. 한국IT서비스학회지, 20(3), 75-86쪽. https://scienceon.kisti.re.kr/srch/selectPORSrchArticle.do?cn=JAKO202121061591464&dbt=NART&utm_source=chatgpt.com

Bahdanau, D., et al.(2014). Neural machine translation by jointly learning to align and translate. *arXiv preprint arXiv:1409.0473*. https://arxiv.org/abs/1409.0473

Blei, D. M., et al.(2003). Latent dirichlet allocation. *Journal of machine learning research*, 3(Jan), pp.993-1022. http://www.jmlr.org/papers/v3/blei03a.html

Brown, T. B., et al.(2020). Language models are few-shot learners. *Advances in neural information processing systems*, 33, pp.1877-1901. https://arxiv.org/abs/2005.14165

Hirschberg, J. & Manning, C. D.(2015). Advances in natural language processing. *Science*, 349(6245), pp.261-266. https://doi.org/10.1126/science.aaa8685

Liu, B.(2012). Sentiment analysis and opinion mining. *Synthesis lectures on human language technologies*, 5(1), pp.1-167. https://doi.org/10.2200/S00416ED1V01Y201204HLT016

Nallapati, R., et al.(2016). Abstractive text summarization using sequence-to-sequence RNNs and beyond. *arXiv preprint arXiv:1602.06023*. https://arxiv.org/abs/1602.06023

10

AI와 아트세러피의 미래

아트세러피는 복잡한 단계를 통해 치유 · 예방 · 치료의 방향성을 상담자와 치료자가 모두 경험하고 이를 증명해 내야 하는 통합적인 성격을 띤다. 철학자 대부분에게 있어서도 마지막 과제가 미학적 주제에 대한 접근이었듯 예술은 다양성과 함께 주관적인 해석이라는 난제가 내포되어 있다. 이렇듯 예술과 예술 체험 그리고 예술에 의한 효과와 분석에 의한 상담 치료까지 어쩌면 AI와 인간이 협업할 주제 중 가장 난도 높은 하나의 과제가 아닐까 생각한다.

종교와 AI?

IT 예술 치료의 전망

디지털 예술 치료의 최근 크게 발전된 방향성과 전망 면에서 예술 치료 전체는 아니라 하더라도 주요 증상과 관련한 예방과 치료를 위해서는 최종적으로는 디지털 치료제로서의 공식적 승인을 시도하는 것은 중요한 의미가 있다. 우선 예술이라는 불확정적 결과물과 인체의 생리 영역이 아닌 정신과 심리적 분석을 요하는 예술 치료는 부득이 아날로그적 측면이 타 분야에 비해 두드러져 왔다. 하지만 디지털 전환으로서의 방법론에서 AI의 등장과 활용성 그리고 디지털 융합 콘텐츠 분야에서 가장 산업화와 대중성을 담보하고 있는 게이미피케이션적 요소가 합쳐진 게임 분야로 개발되면서 큰 발전과 가능성을 가지게 되었다. 2020년 '의료 기기 산업 육성 및 혁신 의료기기지원법'이 시행되면서 24년 현재까지 디지털 치료 기기 또는 디지털 치료 콘텐츠를 통한 여러 정신 질환과 장애의 임상이 이뤄지게 된 점은 고무적인 일이라 할 수 있다. 23년 8월 기준 총 47건의 디지털 치료 기기 임상 시험이 식약처 승인을 받았다. 삼정KPMG가 23년 1월에 발표한 『3세대 신약 디지털 치료제의 투자 동향과 미래 전략 보고서』에 따르면 글로벌 디지털 치료 기기 시장 규모는 25년에는 89억 달러(약 11조5842억 원) 규모로 성장할 것으로 예측했으며 국내 디지털 치료 기기 시장 규모(25년 약 6878억 원 예상) 역시 크게 성장하고 있다(양현수, 2023).

예술 치료 및 예술 심리 치료 분야 중 인공지능(Artificial Intelligence, AI)을 활용해야 하는 당위성은 최근의 나이 · 성별 · 직업과 무관하게 거의 모든 연령층에서의 정신장애 발병율과 정신과 약물의 오남용 문제까지 부각됨에 기인한다. 디지털 치료 기기와 콘텐츠를 통한 치료 방식의 개발이 매우 시급한 상황인데, 예술을 활용한 예술 치료는 정신적 치유 효과 외에도 개인의 창의성 발달과 자아 존중감 향상에까지 이바지하는 장점을 갖고 있다. 또한 현대인에게 가장 흔하게 발병되고 있는 불안과 스트레스 장애, 우울 증세를 감소시키고 부작용 없는 정서적 안정감을 제공함으로써 일반 정신건강의학과의 약물 치료와 구분되는 확실한 차별점을 보여준다. 더욱이 AI를 활용한 상담시스템과 예술 치료 결과물에 대한 분석 능력을 토대로 한 디지털 예술 치료 개인화 서비스는 다양한 멀티 플랫폼 접속을 지원하여 사용자의 편의성을 극대화할 수 있다(정신 건강 상담과 초기 진료의 경우 최소 2주에서 4주 이상의 대기 기간과 해당 장소에 환자가 시간을 맞춰야 한다).

디지털 도구와 매체를 활용하면서 내담자는 안전한 가상공간을 제공받게 되며, 자신을 대신할 수 있는 아바타 접속 방식은 내담자에게 자신의 감정 표현에 대한 부담을 대폭 줄이고 보다 솔직한 표현과 상담이 가능해지고 있음을 실제 사례를 통해 찾아볼 수 있다.

외상 후 스트레스 장애(PTSD)나 공포증(Phobia)의 경우 가상현실(Virtual Reality, VR)의 몰입감을 이용한 예술 치료는 단순 상황 재현 관람의 수준을 넘어 자신의 트라우마(Trauma)를 시각화하고, 예술 체험을 활동화한다. 내담자가 현실에서 다시 경험하기 불가능한 방식을 플랫폼 안에서 구현해 내고, AI를 통한 단계 조절 및 추천 기능 등의 상호작용과 융합된 예술 치료를 구현해 낼 수 있다.

현재까지는 몇 가지 디지털 예술 치료에 적합한 병증과 장애에 집중하여 치료 방법들이 시도되고 있지만 AI를 통한 통합 예술 치료는 추후 성과 면에서나 기술 면에서도 주요 정신장애 치료 전반에 적용이 가능한 상황으로 빠르게 발전하고 있다.

윤리적 성숙을 요구하는 시대적 물음

한때 '나는 누구인가?'라는 질문은 유행처럼 번졌지만,

이는 여전히 인간이 본질을 탐구하는 데 가장 중요한 물음 중 하나다. 인간은 자신을 아는 만큼 원하는 모습으로 성장할 수 있지만, 알지 못하는 만큼 자신도 모르게 변질될 수 있다. 자신을 제대로 알지 못하고 인생의 의미를 찾지 못한 사람들은 종종 '돈이나 벌자' 혹은 '정치나 하자'라는 물질적 이익과 권력 추구에 몰두하며 이를 대단한 성취로 여기곤 하지만, 이러한 태도는 삶의 본질을 잃게 하고, 결과적으로는 사회 전체의 가치를 퇴행시켰다. 인공지능 분야 역시 직업적 윤리를 준수하지 않은 채 값싼 인건비를 활용해 생산 비용을 절감하고 일부는 이를 통해 막대한 이득을 취하고 있다. 딥페이크 기술은 전 세계적으로 10만 명이 넘는 여성들에게 피해를 입히는 결과를 초래했으며, AI를 활용한 가짜 뉴스 생성과 여론 조작이 범람하면서 우리는 점점 '탈진실' 시대에 빠져들어 진실과 허위를 분간하기 어려워지고, 사회 전반에 무력감이 확산되고 있다. 기술이 눈부시게 발전하는 속도에 비해 이를 개발하고 사용하는 인간의 성숙도는 뒤처져 있다. 앞으로의 AI 및 디지털 기술 발전은 단순한 성과 창출을 넘어 인간의 윤리적, 도덕적 성장을 뒷받침하는 방향으로 나아가야 한다는 경각심을 가져야 한다. 궁극적으로, AI와 같은 첨단 기술은 인간의 존엄성과 가치를 보호하며, 사회에 긍정적 영향을 미칠 수 있도록 책임감 있는 개발과 윤리적 활용이 필수적으로 요구된다.

인간다움을 회복하는 아트세러피

나는 16년간 매년 최소 200회 자기 탐색을 했다. 약 3200번의 자기 탐색을 한 셈이다. 사실 자기분석을 하는 것이 습관이 되어 있기 때문에 눈에 보이지 않는 내면의 힘으로 어떠한 상황도 피하지 않고 나 자신을 붙들고 마음을 실천하며 살아 낼 수 있었던 것에 자부심을 느끼고 있다. 이처럼 아트세러피는 '진정한 내면의 나'를 발견하는 과정으로, 자기 발견의 즐거움을 통해 자신과 깊은 관계를 맺고 누구와도 바꾸고 싶지 않은 자신을 사랑하며 살아가게 한다.

2018년 "서울대생 두 명 중 한 명 우울증"이라는 기사 제목을 보며 큰 충격을 받았고, 2021년 펜타닐 중독, 2022년 우크라이나-러시아 전쟁, 2024년 레바논 삐삐 폭탄 사건과 같은 참담한 소식들이 연이어 현실 속에서 벌어지고 있다. 우울증과 중독, 전쟁과 같은 파괴적 선택을 하는 이들은 고통 속에 머문 상태로 인생의 진정한 가치를 찾지 못한 채 비정상적인 선택을 반복하게 되는 것이다. 사실 나 하나가 정신 건강을 유지하는 것만으로는 안전한 사회를 만들기 어렵기 때문에 이 현실을 바꾸기 위해서 인간에게 새로운 도구가 필요하다. AI 기반 아트세러피가 인간이 인간다움을 회복하고 진정한 삶의 의미를 찾도록 돕는 강력한 도구가 될 수 있다. 그렇게 되기 위해서는 AI 기반 아트세러피는 정신 건강을 위한 도구를 넘어 인간 본연의 가치를 되새기고 실현하는 여정을 함께할 수 있는 미래의 동반자가 되어야 한다.

참고문헌

양현수(2023.12.26). [의료산업 10대뉴스①] 디지털치료기기 시대 열렸다. ≪청년의사≫. https://www.docdocdoc.co.kr/news/articleView.html?idxno=3012490

moreclean(2024.8.20). AI를 활용한 예술치료로 정신적 치유를 돕는 방법. moreclean 님의 블로그. https://moreclean.tistory.com/entry/AI를-활용한-예술-치료로-정신적-치유를-돕는-방법

엄정호

한양대학교 디지털의료융합학과 겸임 교수다. 홍익대학교 판화과와 서양화과에서 학부와 석사를 마치고 미술학 박사 학위를 취득했다. 판화·드로잉·회화·북 아트·미디어 아트 장르로 국내외 19회의 개인전을 열고 250여 회 단체전에 참여했으며 '한국현대판화가협회 및 송은미술대상전'에서 우수상을 수상했다. 갤러리 렌탄도에 재직하며 삼성 갤럭시 노트 시리즈 아트 컬래버레이션 전시 및 이벤트 진행(2011~2016), 세종-현대모터갤러리(2016~2020) 미디어 파사드 상설 전시 총괄 기획 및 전시 운영을 맡았다. 현재 (주)크렌진에 재직 중이며 '메타버스 기반'의 실감 체험과 멘탈 케어 서비스 개발에 참여했다. 논문으로는 "인체 표현을 통한 내면 심상의 표출"(1996, 석사), "이미지에 나타난 해체현상과 신체의 촉각적 표현연구"(2011, 박사), "아트콜라보레이션의 제작프로세스와 협업 시너지 효과에 관한 연구"(2020)등이 있다.

최윤정

한국정서교육원을 2012년에 설립해 2024년 현재까지 원장(대표)직을 맡고 있다. 경기대학교에서 미술 치료 석사를 마치고 영남대학교에서 미술 치료 박사를 수료했다. 의무경찰 대상 심리검사 및 심리 상담(2010~2020), 미술 치료 교육과정 운영(2012~2024), 비대면 심리 상담(2019~2024), 64개 전문대학 내 비대면 메타버스 심리 상담 총괄 운영(2022~2023)을 했다. 경기도교육청, MBN, MBC, 한국경제 등에 전문가 패널로 출연했으며 ≪인천일보≫, 행정안전부 실패박람회, 대한안경사협회 등에 마음 건강 관련 칼럼을 연재했다. 수원시장 표창(2018, 2025), 행정안전부(2022), 교육부 대학생 마음 건강 안전망 체계 구축 우수 사례(2022) 등에서 수상했다.

김기성

국민대학교 테크노디자인대학원 겸임 교수다. 카이스트 물리학과에서 MRI 마이크로이미징으로 석사 학위를 받고, 바이오 및뇌공학과에서 생명정보학으로 박사 학위를 취득했다. 생체계측, 생의학 영상, 생명 정보, 인공지능과 관련된 다양한 주제들에 관심이 많다. 현재 '뉴로디자인' 과목의 대학원 수업을 진행하고 있으며, 대한뇌파신경생리학회에서 이사로 활동하고 있다. 또한 (주)바이오브레인에서 최고 경영자로서 전반적 경영과 함께 특별히 전략적 연구 개발 부서(SRM)를 지휘하고 있다. 저서로는 『뉴로피드백 입문』, 역서로는 『체험하며 배우는 Wolfram MATHEMATICA』가 있으며 다양한 관련 분야에 수십 편의 논문을 게재하고 특허를 출원했다.